Ruhestand für Anfänger

365 inspirierende Ideen für
das erste Jahr der Rente

Manfred Friedrich

Impressum

Deutschsprachige Erstausgabe im September 2021
Alle Rechte beim Verlag/Verleger
Copyright © Manfred Friedrich
Alle Rechte vorbehalten.
Nachdruck, auch auszugsweise, nicht gestattet.
Das Werk, einschließlich seiner Teile, ist urheberrechtlich geschützt. Jeder Verwertung ist ohne die Zustimmung des Verlages und des Autors untersagt. Dies gilt insbesondere für die elektronische oder sonstige Vervielfältigung, Übersetzung, Verbreitung und öffentliche Zugänglichmachung.

Manfred Friedrich wird vertreten durch:

Kniga Verlag

Pestalozzistraße 25

22305 Hamburg

Covergestaltung: Denise Gahn
www.denisegahn.com

ISBN: 978-3-9823657-0-1

Inhaltsverzeichnis

Herzlich Willkommen im Ruhestand 1

Was ändert sich jetzt? 2

Aller Anfang ist ungewohnt 4

Haben Sie an alles gedacht? 6

Die Vorteile eines gut geplanten Ruhestands 7

365 Ideen – Die Bucket List........................ 9

   1. Überblick verschaffen und ankommen 9

   2. Geschenke für Ex-Kollegen besorgen 10

   3. Abschiedsfest für die Kollegen organisieren 11

   4. Ankommens-Fest im Ruhestand organisieren 11

   5. Über einen Nebenjob nachdenken 12

   6. Die eigenen vier Wände entrümpeln 13

   7. Down-Sizing 14

   8. Ein Haustier zulegen 14

   9. Die Ernährung umstellen 15

   10. Challenge – Länder kochen 16

   11. Einen Kochkurs machen 16

   12. Eine neue Sprache lernen.....................17

   13. Ein Wohnmobil ausleihen.....................17

   14. Einen eigenen Garten anlegen 18

   15. Ein Buch schreiben 19

   16. Eine eigene Webseite gestalten 20

   17. Regelmäßige Treffen mit Freunden....................20

18. Ins Fitnesscenter gehen 21
19. Flohmärkte besuchen 22
20. Upcycling für Möbel und mehr 22
21. Yoga 23
22. Meditation 23
23. Achtsamkeit lernen 24
24. Plastikfrei leben 25
25. Zumba lernen 25
26. Mit dem Golf spielen beginnen 26
27. Ein Fahrrad oder E-Bike kaufen 26
28. Pensionistentreff besuchen 26
29. Einem Buchclub beitreten 27
30. Einen Tanzkurs besuchen 27
31. Eine Gourmetreise 28
32. Schließen Sie ein Kultur-Abo ab 28
33. Ein Musikinstrument lernen 28
34. Der Motorrad-Führerschein 29
35. Bungee Jumpen gehen 29
36. Fallschirm springen 30
37. Paragliden gehen 30
38. Dem Sparverein beitreten 30
39. Einem Chor beitreten 31
40. Marathon oder Halbmarathon trainieren 31
41. Regelmäßig zur Massage gehen 32
42. Kosmetik und Fußpflege 32

43. Den Kleidungsstil ändern 32
44. Die Haare färben 33
45. Ein Tattoo stechen lassen 33
46. Ohr- oder Nasenring stechen lassen 34
47. Stammbaum und Ahnenforschung 34
48. Freunde aus der Grundschule suchen 34
49. Im Bett frühstücken 35
50. Geo Caching 35
51. Steine sammeln und wieder aussetzen 36
52. Partnerkurse besuchen 36
53. Einen Reisebuddy suchen 37
54. Einen 3-Städte-Trip unternehmen 37
55. Eine Fahrradtour durch Deutschland 38
56. Eine Fahrradtour durch Österreich 38
57. Einige Tage am Gardasee zelten 38
58. Nach Venedig reisen 39
59. Eine Nacht in Paris 39
60. Nach Bangkok fliegen 40
61. Ein Ayurveda Retreat buchen 40
62. Ein Schweigewochenende im Kloster 40
63. Mit dem Bully nach Indien reisen 41
64. Ein Ashram besuchen 41
65. Auf einer Ü-50 Party abtanzen 42
66. Auswandern 42
67. Die Partnerwahl 43

68. Den Jakobsweg gehen 43

69. Fotos sortieren 44

70. In einer einsamen Hütte übernachten 44

71. Gehen Sie Waldbaden 45

72. Die Orte Ihrer Kindheit 45

73. Ins Casino gehen 46

74. Karaoke singen 46

75. Relikte aus der Kindheit restaurieren 46

76. Aktfotos machen lassen 47

77. Ein eigenes Kochbuch schreiben 47

78. Ein Pop oder Rockkonzert besuchen 48

79. Ins Auktionshaus gehen 48

80. Enkelzeit einführen 49

81. Einen Tag ohne Elektrizität 49

82. Engagement für dem guten Zweck 50

83. Eine Glücksliste schreiben 50

84. In die Sauna gehen 51

85. Gehirnjogging 51

86. Riesen Puzzle legen 52

87. In der Bücherei arbeiten 52

88. Den Seniorenausweis beantragen 52

89. Den Gesundheits-Check machen 53

90. Starten Sie auf eine Kreuzfahrt 53

91. Einen Familienurlaub planen 53

92. Ein Fernstudium absolvieren 54

93. Unangenehme Angelegenheiten klären 54
94. Im Repair-Shop mithelfen 55
95. Ein Cousin-Treffen organisieren 55
96. Mit jemandem versöhnen 56
97. Auf den Fußballplatz gehen 56
98. Eine Naturapotheke anlegen 56
99. House switching – Haustausch 57
100. Laster loswerden 57
101. Für Obdachlose kochen 58
102. Religionen erkunden 58
103. Setzen Sie sich für Minderheiten ein 59
104. Eine Patenschaft übernehmen 59
105. Die eigene Wohnung für Couch Surfer 60
106. Fremde zum Essen einladen 60
107. Ein Dankbarkeitstagebuch schreiben 61
108. Eine To-do-Kiste anlegen 61
109. Was ist Kryptowährung? 61
110. Beziehungen abschließen 62
111. Lebensmittel retten 62
112. Nahrungsmittel aus der Natur verwenden 63
113. Schwimmen gehen 63
114. Eislaufen lernen 63
115. E-Mail-Freunde suchen 64
116. Eine eigene Facebook Gruppe gründen 64
117. Podcasts und YouTube-Videos entdecken 64

118. Hörbücher anhören 65
119. Alte Platten sortieren 65
120. Einen Escape Room besuchen 66
121. Dinner in the Dark 66
122. Ein Themen Dinner buchen 66
123. Eine Westernstadt oder Indianerdorf besuchen ... 67
124. Auf Sommerfeste gehen 67
125. Zeichnen und malen beginnen 68
126. Auf einem Hausboot übernachten 68
127. Schifahren oder Snowboarden lernen 68
128. SUP – Stand-up Paddeling 69
129. Naturkosmetik selbst herstellen 69
130. Im Refill Shop einkaufen 69
131. Waschmittel und Co. selbst herstellen 70
132. Eine Teesammlung anlegen 70
133. Help Exchange – der Austausch von Dienstleistungen 71
134. Kindern oder alten Menschen vorlesen 71
135. In einer Modelagentur bewerben 72
136. Die Route 66 fahren 72
137. Für Vereine Kekse backen 72
138. Austauschschüler aufnehmen 73
139. Als Granny Au-pair nach Amerika gehen 73
140. Bei einer Koch-Show bewerben 73
141. Bei einer Talentshow bewerben 74
142. Ein Biotop oder Aquarium anlegen 74

143. Marmeladen einkochen 75
144. Liköre herstellen 75
145. Bier brauen 75
146. Brot backen 76
147. Jeden Tag 10.000 Schritte gehen 76
148. Backpacking in Asien 76
149. Australien bereisen 77
150. Neuseeland besuchen 77
151. Skurrile Urlaube buchen 78
152. Auf Foto-Safari nach Afrika reisen 78
153. Line dance lernen 78
154. Kochkurse anderer Länder besuchen 79
155. Die Nordlichter sehen 79
156. In einem Eishotel übernachten 79
157. Minimalismus und Frugalismus leben 80
158. Eigene Fotos online verkaufen 80
159. Influencer werden 80
160. Bei der Telefonseelsorge mithelfen 81
161. Als Dogsitter arbeiten 81
162. Breathe in and out – Atemübungen machen ... 81
163. Einen Bonsai hegen und pflegen 82
164. Pralinen, Schokolade und Eiskonfekt 82
165. Eis selber machen 83
166. Einen Handwerker Kurs besuchen 83
167. Serien ansehen 83

168. Origami lernen 84
169. Tarot Karten legen 84
170. Eine Kartenspiel-Runde gründen 84
171. Den 5-Uhr-Tee zelebrieren 85
172. Juicen und Detoxen 85
173. Jeden Tag eine gute Tat tun 85
174. Über den Vagus Nerv lernen 86
175. Sich mit Psychologie befassen 86
176. Nein sagen lernen 86
177. Um Hilfe bitten lernen 87
178. Übers Räuchern und Rituale lernen 87
179. Wünsche ans Universum senden 87
180. Gratis Möbel abholen und renovieren 88
181. Mosaik basteln 88
182. Eco Bricks herstellen 88
183. Positive Affirmationen verwenden 89
184. Bei Demos und Protesten mitmachen 89
185. Hauben für ein Waisenhaus stricken 90
186. Crowdfunding für einen guten Zweck organisieren 90
187. Pasta machen lernen 90
188. Seidenmalerei lernen 91
189. Tatsachenberichte und Autobiografien lesen 91
190. Hausaufgaben-Betreuung übernehmen 91
191. Für die Tafel engagieren 92
192. Engagieren Sie sich in der Arche 92

193. Laden Sie zu einer Halloween Party ein 92
194. Einen Gruppen Karneval organisieren 93
195. Selbst Kombucha herstellen 93
196. Sauerteig ansetzen und pflegen 94
197. Kefir selbst machen 94
198. Am Fluss mit Freunden ein Lagerfeuer machen 95
199. Mit den Nachbarn oder Freunden eine Kartenrunde gründen 95
200. In Themenparks gehen 95
201. Eine 8-er Bahn Challenge starten 96
202. Segway fahren 96
203. Auf den Opernball gehen 96
204. Das Oktoberfest besuchen 97
205. Müll sammeln gehen 97
206. Pfandflaschen sammeln und spenden 98
207. Microgreens und Sprossen selbst ziehen 98
208. Exotische Pflanzen aus Kernen ziehen 98
209. Eine Tropfsteinhöhle besuchen 99
210. Eine Schlösser-Reise unternehmen 99
211. Machen Sie selbst Straßenmusik 99
212. Einen Sprachassistenten besorgen 100
213. Als Stadtführer arbeiten 100
214. Das perfekte Dinner 101
215. Blutspenden gehen 101
216. Eine Barfußwanderung unternehmen 101

217. Neue Attitudes entwickeln 102
218. Mit Themenbooten in Berlin fahren 102
219. Eine Fahrt mit dem Heißluftballon unternehmen 103
220. Eine Bahnreise durch Europa unternehmen 103
221. Die Gletscherhöhlen in Island sehen 103
222. Drehen Sie ein Koch-Video 104
223. Das Pensionisten Kunst Workshop in Groznjan besuchen 104
224. Mermaid Shooting mit der Enkelin machen 104
225. Work and Travel in Australien 105
226. Freiwilligenarbeit im Tierheim in Spanien 105
227. Freiwilligenarbeit in einem Elefanten-Camp 105
228. An Gewinnspielen teilnehmen 106
229. House Flipping betreiben 106
230. Einen Vulkan besteigen 106
231. Geysire und heiße Quellen erleben 107
232. Den Grand Canyon besuchen 107
233. Die Niagarafälle besichtigen 107
234. Das Eisfestival in Harbin in China besuchen 108
235. Das Eisdorf am Shikaribetsu See in Japan bereisen 108
236. Einen Vortrag über Ihre Reisen halten 108
237. Eine Ausstellung organisieren 109
238. Einen Stand auf einem Markt organisieren 109
239. Einen Zengarten anlegen 110

240. Bewerben Sie sich als Synchronsprecher oder Voice over 110
241. Mit Bestimmungsbuch oder App die Natur erkunden 110
242. Runen lernen 111
243. Über Heilzeichen informieren 111
244. Einen Krippenbaukurs besuchen 111
245. Etwas zu Bares für Rares bringen 112
246. Zum Bingo gehen 112
247. Über Chakren lernen 112
248. Über Körpersprache lernen 113
249. Bogenschießen gehen 113
250. Lachyoga machen 114
251. Ein Kristall und Edelstein Workshop besuchen 114
252. Ein Bachblüten Workshop besuchen 114
253. Einen Töpferkurs machen 115
254. Ansichtskarten sammeln 115
255. Auf einem Hochrad oder Einrad fahren 115
256. Auf Stelzen gehen 116
257. Madame Tussauds besuchen 116
258. Das Egon-Schiele-Museum in Krumau besuchen 116
259. Auf eine Weinverkostung gehen 117
260. Eine Genießer-Messe besuchen 117
261. Die Comic Con besuchen 117
262. Auf die Insel Mainau fahren 118
263. Filmstudios besichtigen 118

264. Ein Smart Home einrichten 118
265. Eine Wattwanderung unternehmen 119
266. Einen Pool mieten oder vermieten 119
267. Bei einem Pub Quiz teilnehmen 119
268. Bei einer Quiz-Show bewerben 120
269. Einen Ruhestands-Baum pflanzen 120
270. Selbst Onlinekurse geben 120
271. Das Christkindl besuchen 121
272. Eine Schneeburg bauen 121
273. Schaukeln gehen 121
274. Mandalas ausmalen 122
275. Bei einer Internet Challenge mitmachen 122
276. Die 1 Euro Häuser in Sambuca besichtigen 122
277. Die Glühwürmchen Höhle in Waitomo bestaunen 123
278. Den Teufelstisch in Rheinland-Pfalz bereisen 123
279. Salar de Uyuni in Bolivien 124
280. Skellig Michael in Irland 124
281. Der Maharloo See in Shiraz im Iran 124
282. Der 5 Farben Fluss in Kolumbien wartet 125
283. In den Steinwald in China reisen 125
284. Das Silfa Rift in Island 125
285. Der gepunktete See in Kanada ruft 126
286. Die Kalksteinterrassen von Pamukkale genießen 126
287. Fliegen Sie zu den Chocolate Hills 126
288. Beim Hahnenkammrennen in Kitzbühel zusehen 127

289. Zu den Pyramiden fahren 127
290. Den Angkor Wat besuchen 127
291. Haare spenden 128
292. Gipsmasken bemalen 128
293. Verschlungene Hände gießen 128
294. Bauchtanzen lernen 129
295. Eine Kutschenfahrt in Wien unternehmen 129
296. Jedermann auf den Salzburger Festspielen ansehen 129
297. Die Festspiele in Mörbisch besuchen 130
298. Einen veganen Monat einlegen 130
299. Einen Kurs zur Molekularküche machen 130
300. Übernachten Sie im besten Hotel der Stadt 131
301. Löwenzahn-Honig selber machen 131
302. Sirup aus Tannenwipfeln zubereiten 131
303. Bei einer Oldtimer Ralley mitfahren 132
304. Ein Formel 1 Rennen besuchen 132
305. Auf ein Harley Davidson Treffen fahren 132
306. Das Golf GTI Treffen am Wörthersee besuchen 133
307. Auf ein Schlagerfestival gehen 133
308. Hinterglas Malerei lernen 133
309. Volkstanz und Schuhplatteln lernen 134
310. Jodeln auf der Alm lernen 134
311. Fermentieren lernen 134
312. Produkttester werden 135
313. Eine Gartenreise machen 135

314. Kastanien sammeln 135
315. Einen Tauchkurs machen 136
316. Den Bootsführerschein machen 136
317. Das Taj Mahal besuchen 136
318. Selbst Kaffee rösten 137
319. Einen Fotografie Kurs machen 137
320. An einem Hundeschlittenrennen teilnehmen 137
321. In Afrika einen Brunnen bauen 138
322. Ein Tennismatch verfolgen 138
323. Beim Wrestling oder einem Boxkampf zusehen 138
324. Einen Souk besuchen 139
325. Mit einem Trike fahren 139
326. Ein Observatorium besuchen 139
327. Einen Kuschelkurs besuchen 140
328. Zuckerblasen und Zuckerziehen lernen 140
329. Im Windkanal Indoor Sky Diving 140
330. Einen Unterwasser Spaziergang machen ... 141
331. Einen Monat nur reduziert einkaufen 141
332. Über heiße Kohlen gehen 141
333. Am Strand reiten 142
334. Auf einem Bauernhof mitarbeiten 142
335. Als Erntehelfer mitarbeiten 142
336. Als Statist in einem Film mitspielen 143
337. Eine ganze Nacht durchfeiern 143
338. Lassen Sie sich hypnotisieren 143

339. Eine Travestie Show besuchen 144
340. Zu Mardi Gras nach New Orleans fliegen 144
341. Auf ein Holi Fest gehen 144
342. Bei einer Pride Parade mitmachen 145
343. Ein Fisch Spa besuchen 145
344. Fischen gehen und den Fang zubereiten 145
345. Einen Cocktail Kurs machen 146
346. An einer Whisky Verkostung in Schottland teilnehmen..146
347. Einen Tag bei den Amish verbringen 146
348. Weihnachten unter Palmen feiern 147
349. Eine Flaschenpost verschicken 147
350. Zeichensprache lernen 148
351. Ein Paket an ein Waisenhaus schicken 148
352. Eine Schneeschuhwanderung machen 148
353. Einen Selbstverteidigungskurs machen 149
354. Orang Utans beobachten 149
355. In einem Baumhaus übernachten 149
356. Das Pferderennen in Ascot besuchen 150
357. Mit dem Orient Express verreisen 150
358. Mit dem Shinkhansen fahren 150
359. Ein Foto am Zebrastreifen der Abbey Road machen.......151
360. Die Lavendelfelder der Provence besuchen 151
361. Im Toten Meer treiben lassen 151
362. Mit dem Zug durch die Cinque Terre 152
363. Die Akropolis in Athen besichtigen............................152

364. Den Vatikan besuchen..152
365. Einen Vortrag über den Ruhestand halten..................152
Auf in den Ruhestand!.. 153

Herzlich Willkommen im Ruhestand

Nun ist es also so weit: Sie treten Ihren Ruhestand an. Seit vielleicht zehn Jahren sehnen Sie diesen Tag herbei und dennoch schleicht sich heute ein etwas mulmiges Gefühl ein. Das ist auch absolut legitim und verständlich, dass die Emotionen verrückt spielen. Ab heute beginnt ein neuer Lebensabschnitt.

Dieser wird nun nicht mehr vom Arbeitsalltag durchgetaktet. Der Wecker klingelt ab morgen nur mehr gnadenlos um 6 Uhr früh, wenn Sie es so wollen, und nicht weil der Chef im Büro wartet.

Das bedeutet nun aber auch, dass Sie ab jetzt Ihr Leben selbst gestalten und organisieren müssen. Waren bis jetzt fünf Tage die Woche für etwa neun Stunden fix verplant, so steht Ihnen nun 24/7 alle Zeit der Welt zur Verfügung. Das kann natürlich zu Beginn respekteinflößend sein.

Doch grübeln Sie nicht lange und jagen Sie sich nicht selbst Angst ein. Denken Sie daran, wie lange Sie auf diesen großen Tag gewartet haben. Erinnern Sie sich an all die Pläne, die Sie bereits geschmiedet haben. Jetzt haben Sie die Zeit, diese zu verwirklichen.

Holen Sie nun alles nach, was Sie früher auf später verschoben haben. Wie oft haben Sie gesagt: "Das mache ich einmal, wenn ich im Ruhestand bin." Nun ist es so weit. Machen Sie sich am besten eine Liste mit all den Unternehmungen, die Sie bis jetzt aus Zeitmangel auf später verschoben haben.

Diese Liste sollten Sie nun wirklich Punkt für Punkt abarbeiten. Wir haben hier für Sie auch eine tolle Liste an Unternehmungen und Aktivitäten zusammengetragen, mit denen Sie sich den

Ruhestand spannend und unterhaltsam gestalten können. Diese Aktivitäten sollten als Anregung dienen. Vielleicht ist der eine oder andere Punkt dabei, den Sie ohnehin auf Ihrer Liste hatten. Vielleicht fällt Ihnen bei einigen Punkten ein, dass Sie das schon lange einmal machen wollten. Garantiert aber entdecken Sie auch Aktivitäten, an die Sie so vielleicht gar nicht gedacht hätten.

Wir wünschen Ihnen auf jeden Fall einen unterhaltsamen und gesunden Ruhestand, denn Sie haben es sich redlich verdient. Genießen Sie nun diese Zeit und werden Sie ruhig ein bisschen egoistisch. Der Ruhestand ist nun der Lebensabschnitt, in dem es nur mehr um Sie geht.

Wir freuen uns, dass wir Sie ein Stück auf diesem neuen, aufregenden Weg begleiten dürfen und wünschen Ihnen viel Spaß und gutes Gelingen bei der Umsetzung Ihrer ganz persönlichen Bucket List.

Was ändert sich jetzt?

Ruhestand bedeutet nicht, dass plötzlich die Welt für Sie still steht. Ruhestand ist lediglich die Bezeichnung dafür, dass nun Ihre berufliche Laufbahn zu Ende ist. Mit der Arbeit im Betrieb ist es nun endlich vorbei und Sie können Ihre wohl verdiente Freizeit in vollen Zügen genießen.

Sie sind nun im Ruhestand, in Rente oder in Pension. Vielleicht bevorzugen Sie auch den Begriff Privatier. Egal wie Sie es bezeichnen wollen, es geht nur darum, dass Sie nun frei von allen Zwängen sind. Sie haben Jahrzehnte lang gearbeitet, brav in die Rentenkasse einbezahlt und nun dürfen Sie diese Früchte ernten.

Von nun an bekommen Sie monatlich Ihre Rente aufs Konto überwiesen, ohne dafür arbeiten zu müssen. Diese monatlichen Beträge haben Sie sich bereits in den letzten Jahrzehnten erarbeitet und verdient.

Sie haben nun keinem Arbeitgeber gegenüber mehr Verpflichtungen. Sie können sich Ihren Tagesablauf nach Lust und Laune und nach eigenem Geschmack und Ihren Bedürfnissen gestalten.

Abends müssen Sie nicht mehr zu einer bestimmten Zeit zu Bett gehen, damit Sie morgens wieder ausgeschlafen sind. Wenn Sie Lust haben, heute etwas länger wach zu bleiben, weil das Buch oder der Film so spannend sind oder weil es gerade mit der Nachbarin so lustig ist, dann machen Sie das einfach. Und morgen bleiben Sie einfach zwei Stunden länger im Bett liegen.

Sie müssen sich auch mit Ausflügen und Urlauben nicht mehr arrangieren. Wenn Sie Lust haben, morgen für drei Tage nach Italien zu düsen, dann steigen Sie einfach in den Zug oder ins Auto und brausen los. Vorbei sind die Zeiten, in welchen Sie Ihren Urlaub bereits ein Jahr im Voraus planen mussten.

Willkommen Spontanität! Den Ruhestand zeichnet aus, dass Sie nun alles selbst gestalten können. Es liegt in Ihren Händen, ob Sie die Tage straff planen, ob Sie Stress haben oder ob Sie alles ruhig und gelassen angehen.

Nicht ohne Grund heißt es oft: "Ich bin im Rentner Stress". Das bedeutet jedoch, dass sich diese Person den Stress selbst auferlegt hat. Wobei Stress ja auch nicht immer negativ behaftet sein muss. Positiver Stress kann bedeuten, dass Sie sich permanent beschäftigt halten und viele Dinge unternehmen, die Ihnen Freude bereiten.

Oft verwenden Rentner diesen Ausdruck auch als Ausrede. Einfach, weil Sie sich nicht für bestimmte Dinge einspannen lassen wollen. Dazu haben Sie auch alles Recht der Welt. Sie müssen kein schlechtes Gewissen haben, wenn Sie lieber in Ihrem Garten arbeiten, als auf die Enkel aufzupassen. Natürlich werden Sie es genießen, qualitative Zeit mit eventuell vorhandenen Enkelkindern zu verbringen. Aber auch das nur, wenn Sie es wollen. Garantiert werden Sie auch einspringen, wenn Not am Mann ist.

Doch auch hier sollten Sie sich nicht ausnutzen lassen. Nun ist Ihre Zeit gekommen. Sie haben so lange gearbeitet, um nun endlich den Ruhestand in vollen Zügen zu genießen. Denken Sie immer daran: Vielen Menschen ist es nicht mehr gegönnt, den Ruhestand zu erleben. Daher nutzen Sie jeden Tag und erfreuen Sie sich an Ihrer neu gewonnenen Freiheit, Ihr Leben nach Ihren Wünschen gestalten zu können.

Aller Anfang ist ungewohnt

Der Ruhestand beginnt von einem Tag auf den anderen. Gestern waren Sie noch im Arbeitsverhältnis und haben vielleicht an fünf Tagen die Woche von 9 Uhr früh bis 17 Uhr abends gearbeitet. Heute aber müssen Sie nicht mehr zur Arbeit gehen. Sie haben die restlichen Tage alleine für sich zur freien Verfügung.

Mit dieser neu gewonnenen Freiheit muss man jedoch auch erst umgehen lernen. Viele unterschätzen die viele Freizeit auch. Gerade wenn Sie keine Hobbys haben oder sich nie Gedanken darüber gemacht hatten, wie Sie von nun an die Tage gestalten wollen, kann sich die erste Phase des Ruhestands schwierig gestalten.

Wenn Sie gerne gearbeitet haben und in Ihrem Job aufgegangen sind, dann ist es ebenfalls schwieriger, diesen von heute auf morgen aufzugeben. Daher ist es wichtig, dass Sie genügend alternative Beschäftigungen finden. So sehr sie sich früher in Ihrem Beruf engagiert haben, mit genau demselben Eifer dürfen Sie sich nun den eigenen Projekten widmen.

Wenn Sie sich akribisch vorbereiten, Pläne schmieden und mit Vorfreude dem Ruhestand entgegensehen, dann ist die Chance gering, dass Sie in ein schwarzes Loch fallen. Mit ausgefeilten Plänen besteht die Gefahr nicht, dass Ihnen auch nur eine Minute langweilig wird.

Es liegt also in Ihrer Hand. Mit diesem Buch haben Sie nun auch einen kleinen Ratgeber und Begleiter zur Verfügung. Unsere Ideen können Sie dabei unterstützen, Pläne für Ihren eigenen Ruhestand zu schmieden. Wenn Sie sich immer beschäftigt halten, dann fällt auch der Einstieg leicht.

Vor allem sollten Sie auch endlich lernen, zu genießen und Sie dürfen es sich selbst erlauben, von nun an vermehrt an sich selbst zu denken. Das ist auch eine Sache, die viele erst lernen müssen. Im Berufsalltag waren meist andere Dinge wichtig. Jetzt im Ruhestand aber sind Sie selbst die Priorität.

Haben Sie an alles gedacht?

Sie sollten sich im Vorfeld erkundigen, mit welcher Rentenzahlung Sie zu rechnen haben. Optimal ist es, wenn Sie rechtzeitig eine Zusatz-Rentenversicherung abgeschlossen haben. Auch können Sie an eine Pflegeversicherung denken. Auch wenn dies noch in weiter Ferne liegt, je eher Sie eine Versicherung wie diese abschließen, umso günstiger sind auch die monatlichen Beiträge.

Neben den finanziellen Vorsorgen können Sie nun auch Ihre Wohnsituation überdenken. Vielleicht haben Sie bis jetzt in einer Wohnung in der Großstadt gelebt, weil diese so nahe am Arbeitsplatz war. Nun haben Sie die Möglichkeit, endlich aufs Land zu ziehen. Vielleicht möchten Sie nun auch vom Land in die Stadt ziehen, um dort das riesige kulturelle Angebot in Anspruch zu nehmen.

Eventuell wollen Sie sich wohnlich nun auch verkleinern oder Sie haben Lust, endlich in ein eigenes Haus mit Garten zu ziehen. Dies sind alles Überlegungen, die Sie nun anstellen und umsetzen können. Wenn Sie vorhaben, den Großteil des Jahres auf Reisen zu verbringen, dann reicht auch eine sehr kleine, günstige Wohnung. Eventuell wollen Sie nun auch das Angebot Ihrer Kinder annehmen und bei diesen in der Einliegerwohnung einziehen.

Treffen Sie diese Vorkehrungen und planen Sie alles gut. Haben Sie aber keine Angst davor, etwas Neues zu beginnen. Im schlimmsten Fall war es die falsche Entscheidung und Sie machen diese wieder rückgängig. Niemand sagt, dass die getroffene Entscheidung auch endgültig sein muss.

Die Vorteile eines gut geplanten Ruhestands

Wenn Sie Ihren Ruhestand planen und bereits viele Ideen für die kommenden Jahre gesammelt haben, dann ist die Gefahr gering, dass Sie sich langweilen oder Sie unglücklich werden. Auch wenn Sie sich von Natur aus gegen Pläne sträuben, es ist ja nichts in Stein gemeißelt. Sie können ja immer wieder spontan umdisponieren, wenn Ihnen plötzlich der Kopf nach etwas anderem steht.

Auch finanziell hat es Vorteile, wenn Sie den Ruhestand planen. So wissen Sie genau, wie viel Geld Sie zur Verfügung haben und wie viel Geld Sie für Ihre Aktivitäten ausgeben können. Das beruhigt ungemein.

Nehmen Sie sich für die Planung am besten eine Art Tagebuch. In dieses können Sie nun all Ihre Ideen eintragen. Sie müssen jetzt nicht stundenlang sitzen und sich das Gehirn zermartern. Notieren Sie sich die Stichworte immer dann, wenn Ihnen plötzlich wieder eine Idee in den Sinn kommt.

Wenn Sie heute im Fernsehen eine tolle Sendung über Australien oder Neuseeland sehen, so kann es sein, dass Sie sich vorstellen, dort auch einmal hinzureisen. Notieren Sie sich diese Idee. Vielleicht erzählt Ihnen eine Freundin, dass Sie gerade einen super Back-Kurs absolviert hat. Falls Sie das ebenfalls interessiert, so können Sie dies ebenfalls auf Ihre Bucket Liste setzen.

Warum wir immer von einer Bucket Liste sprechen? Eine Bucket Liste ist eine sogenannte To-do-Liste. Um es auf gut Deutsch zu sagen: Es ist eine Auflistung all der Dinge, die Sie in Ihrem Leben noch einmal machen möchten. Der Begriff Bucket Liste leitet sich aus dem Englischen ab und heißt übersetzt Löffelliste. Wenig romantisch wird es so erklärt, dass sich auf dieser Liste alle Aktivitäten befinden, die man erledigen möchte, bevor man den Löffel abgibt. Da sich Bucket Liste viel schöner anhört, verwenden auch wir diesen modernen Begriff.

Nun aber wollen wir mit unseren Ideen beginnen. Auf unserer Bucket Liste finden Sie 365 Ideen, die Sie inspirieren sollen. Natürlich werden einige Aktivitäten dabei sein, die so gar nicht Ihrem Geschmack entsprechen. Dafür können diese aber auch eine Inspiration für eine andere Unternehmung sein.

Wir wünschen Ihnen viel Freude beim Stöbern durch unsere Anregungen und hoffen, dass Sie die eine oder andere Aktivität mit viel Spaß und Elan umsetzen werden. Wir selbst freuen uns, dass wir Sie ein Stück auf Ihrem Weg durch den Ruhestand begleiten dürfen.

365

Ideen – Die Bucket List

1. Überblick verschaffen und ankommen

Das ist der erste Punkt, den Sie in Ihrem Ruhestand erledigen sollten. Atmen Sie tief durch und rufen Sie es laut in die Welt hinaus: "Ich bin im Ruhestand". Nehmen Sie sich jetzt die Zeit und befassen Sie sich mit Ihren eigenen Wünschen und Plänen.

Machen Sie sich mit dem Gefühl vertraut, dass Sie von nun an keine beruflichen Verpflichtungen mehr haben. Garantiert werden Sie die nächste Zeit immer noch zur selben Zeit wach werden, auch wenn der Wecker nicht mehr klingelt. Vielleicht blicken Sie auch auf die Uhr und erschrecken, weil Sie denken, Sie hätten verschlafen. Keine Panik, Sie werden gleich bemerken, dass alle Sorgen umsonst sind.

Drehen Sie sich lachend noch einmal im Bett um und schlafen Sie noch eine Stunde. Oder stehen Sie auf und gönnen Sie sich im Kaffeehaus ein schönes Frühstück. Vielleicht haben Sie auch Lust auf ein entspannendes Schaumbad oder einen langen Spaziergang. Eventuell entdecken Sie nun auch, dass Sie gerne ausgiebig frühstücken. Die letzten Jahre haben Sie immer nur rasch einen Kaffee zwischen Tür und Angel getrunken. Jetzt können Sie sich Zeit nehmen.

Mit jedem weiteren Tag werden Sie die neue Situation mehr und mehr gewöhnen und auch schätzen. Nach nur wenigen Wochen sind Sie garantiert in Ihrem wohlverdienten Ruhestand angekommen und fühlen sich in diesem Lebensabschnitt pudelwohl.

2. Geschenke für Ex-Kollegen besorgen

Vielleicht haben Sie zum Abschied von langjährigen Kollegen tolle Geschenke bekommen. Nun möchten Sie sich dafür revanchieren. Überlegen Sie, womit Sie den Ex-Kollegen eine kleine Freude machen könnten. Es soll etwas Persönliches sein, dass die Kollegen immer an Sie und Ihre gemeinsame Zeit erinnert.

Wie wäre es mit einer Collage aus Fotos der gemeinsamen Zeit? Vielleicht backen Sie auch Macarons und verzieren jeden einzelnen individuell. Je nachdem, in welcher Branche Sie gearbeitet haben, kann sich dieses Geschenk auch an dem Beruf orientieren.

Mit diesen liebevoll gestalteten Geschenken nehmen Sie endgültig Abschied. Sie sagen damit, dass Sie gerne mit den Kollegen gearbeitet haben, nun aber froh sind, endlich den Ruhestand genießen zu können.

3. Abschiedsfest für die Kollegen organisieren

Je nachdem, wie viel Kollegen Sie einladen, wie viel Platz Sie haben und auch wie viel Geld Sie ausgeben möchten, können Sie dieses Fest bei Ihnen zu Hause, in einem Restaurant, einer Bar oder auch in einer Mehrzweckhalle organisieren.

Mit diesem Fest nehmen Sie noch einmal Abschied. Es kann gelacht und geweint werden. Sie erinnern sich später garantiert noch gerne an dieses Fest. Sie wissen danach auch wieder, warum Sie manche Kollegen so gerne haben und bei anderen froh sind, dass Sie diese nie mehr wieder sehen müssen.

Sie können eine kleine Party mit Fingerfood in Ihrer Wohnung planen, oder zu einem BBQ im Garten einladen. Vielleicht spendieren Sie den Ex-Kollegen ein Buffet in einem Gasthaus oder Sie laden alles zu einem Cocktail in der Bar ein, in der Sie früher öfter gemeinsam zum After-work-Absacker waren.

Vergessen Sie auch nicht, dass Sie ganz fest Kontakte austauschen und Pläne mit Kollegen machen, die Sie auch in Zukunft in Ihrem Leben haben wollen.

4. Ankommens-Fest im Ruhestand organisieren

Zu diesem Fest laden Sie die Familie und auch andere Freunde ein, die bereits im Ruhestand sind. Die Familie soll jetzt ebenso bemerken, dass Sie nun einen neuen Lebensabschnitt beginnen und diesen auch zelebrieren wollen.

Das Feiern mit anderen Rentnern kann sehr inspirierend sein. Sie unterhalten sich und tauschen sich aus. Dadurch erfahren Sie, was die anderen so den ganzen Tag machen und wie andere ihren Ruhestand geplant haben.

Garantiert werden unter den Rentnern auch einige sein, die sich beklagen und eher negativ über den Ruhestand sprechen. Lassen Sie sich davon jedoch nicht runterziehen, sondern nehmen Sie auch diese Unterhaltung als positiven Antrieb. Sehen Sie diese Menschen als Beispiel, wie Sie selbst es nicht machen wollen.

Auf dem Fest können Sie der Familie auch Ihre Zukunftspläne verraten. Erzählen Sie der Tochter, wohin Sie in den nächsten Monaten reisen werden und lassen Sie den Sohn wissen, dass Sie nur an bestimmten Tagen Zeit zum Babysitten haben.

5. Über einen Nebenjob nachdenken

Einen Nebenjob können Sie aus vielerlei Gründen annehmen. Vielleicht fühlen Sie sich einfach noch nicht bereit, ganz ohne Arbeit zu leben. Eventuell aber benötigen Sie zur Umsetzung Ihrer Wünsche und Pläne einfach ein etwas größeres Kapital. Warum auch immer Sie einen Nebenjob annehmen, achten Sie darauf, dass es ein Job ist, den Sie absolut flexibel ausführen können.

Es gibt genügend Jobs, die Sie nach Lust und Laune ausführen können. Vielleicht möchten Sie als Leihoma oder Babysitterin ein wenig dazu verdienen, weil Sie keine eigenen Enkel haben. Im Internet finden Sie auch eine Menge Jobs, die flexible Arbeitszeiten bieten. Eventuell sind Sie gut im Schreiben. Es gibt etliche Plattformen, die freiberufliche Autoren suchen. Stöbern Sie einfach durch das breit gefächerte Angebot. Garantiert ist auch für Sie das Richtige dabei und Sie können sich so die Rente etwas aufbessern.

6. Die eigenen vier Wände entrümpeln

Mit dem Ruhestand hat ein neues Leben begonnen. Nun wäre es auch an der Zeit, dass sich zu Hause etwas verändert. Während Ihres Arbeitsalltags hatten Sie wahrscheinlich wenig Zeit, die Wohnung regelmäßig auszumisten. Nun haben Sie die Zeit.

Am Dachboden, im Keller und in den Regalen und Kästen haben sich sicher massenhaft Dinge angesammelt, die Sie nicht mehr benötigen. Sich von diesen Dingen zu trennen bedeutet auch, Ballast abzuwerfen. Das hat auch psychologisch eine große Bedeutung und Sie ziehen so erleichtert in ein neues Leben.

Sie müssen die ausgemisteten Gegenstände aber nicht einfach wegwerfen. Vielleicht möchten Sie diese an eine gemeinnützige Organisation spenden. Egal ob Frauenhäuser oder Tierheime, Obdachlosenheime oder Asylhäuser freuen sich immer über Gegenstände des Alltags, Küchenutensilien, Möbel, Bekleidung, Spiele, Bücher und mehr.

Nicht mehr benötigte Bekleidung lässt sich aber auch wunderbar im Internet verkaufen. Egal ob auf Ebay oder anderen Plattformen, hier können Sie Gebrauchsgegenstände aller Art noch zu Geld machen.

Vielleicht haben Sie auch Lust und möchten einen Garagenflohmarkt veranstalten. Oder Sie machen bei einem öffentlichen Flohmarkt mit. In vielen Städten und Dörfern werden diese regelmäßig veranstaltet. Vielleicht hat ja ein Freund oder eine Freundin ebenfalls Lust, Sie beim Verkaufen zu unterstützen.

7. Down-Sizing

Jetzt ist es vielleicht Zeit, dass Sie in eine kleinere Wohnung ziehen. Sie möchten einfach nicht mehr so viel Geld für die Miete ausgeben, oder Sie wollen das Haus verkaufen und das Geld für Ihre vielen Reisen und Aktivitäten ausgeben.

Suchen Sie sich eine nette, schnuckelige Wohnung, in der Sie sich rundum wohlfühlen können. Sie müssen ja nichts überstürzen. Sehen Sie sich verschiedene Wohnungen an und überlegen Sie gut.

Im Moment liegen auch sogenannte Tiny Häuser voll im Trend. Eventuell wäre ja das etwas für Sie. Es kann durchaus charmant sein, minimalistisch auf 20 Quadratmeter zu leben. Überlegen Sie gut das Für und Wider. Nun haben Sie ja ausreichend Zeit, die einzelnen Objekte miteinander zu vergleichen.

8. Ein Haustier zulegen

Vielleicht haben Sie sich immer schon einen vierbeinigen Kameraden gewünscht. Sie haben jedoch aus Vernunft wegen der Arbeit immer darauf verzichtet, da Sie für das Tier nicht genügend Zeit gehabt hätten. Nun aber müssen Sie nicht mehr zur Arbeit und Sie haben Zeit genug für Hund, Katze, Vogel oder Maus.

Überlegen Sie aber genau, ob Sie das Haustier auch mit auf Reisen nehmen könnten oder ob Sie für diese Zeit jemanden haben, der verlässlich nach Ihrem Haustier sieht. Einfacher ist es hier mit einem Aquarium oder einem Vogel. Bei einer Katze oder einem Hund sollten Sie wirklich alle Möglichkeiten genau überdenken.

Ein Hund ist generell ein toller Begleiter im Ruhestand. Ob Sie wollen oder nicht müssen Sie mit dem Vierbeiner mehrmals täglich hinaus und kleine Runden drehen. Ein Hund animiert Sie dazu, sich zu bewegen. Gerade im Ruhestand ist es so wichtig, dass Sie in Bewegung bleiben.

Zudem sind Tiere Balsam für die Seele. Mit einem Haustier sind Sie nie alleine und Tiere trösten, wenn Sie sich traurig fühlen. Außerdem übernehmen Sie mit einem Tier wieder eine große Verantwortung. Sie haben nun ein Lebewesen, um das Sie sich kümmern müssen. Sie müssen jeden Tag für den Vierbeiner da sein und ihn versorgen. Die Liebe, die Sie einem Haustier schenken, bekommen Sie aber immer doppelt und dreifach zurück.

9. Die Ernährung umstellen

Während Sie in einem Arbeitsverhältnis standen, hatten Sie vielleicht nicht die Möglichkeit, konsequent auf eine gesunde Ernährung zu achten. Morgens nahmen Sie sich nicht die Zeit für ein ordentliches Frühstück und in der Mittagspause gingen Sie meist in der Kantine essen. Dort kam auf den Tisch, was im Angebot war.

Nun aber haben Sie Zeit, gesunde Lebensmittel am Markt einzukaufen und daraus ebenso gesunde Köstlichkeiten zu zaubern. Besorgen Sie sich Kochbücher zu diesem Thema oder suchen Sie im Internet nach Tutorials. Zurzeit liegen die vegane oder vegetarische Ernährung absolut im Trend. Vielleicht reizt Sie ja dieses Thema. Auch zuckerfreie Ernährung, Low Carb, Paleo oder Keto sind gesunde Möglichkeiten, sich zu ernähren.

Gerade jetzt im Ruhestand ist es wichtig, dass Sie sich gut und gesund ernähren. So versorgen Sie Ihren Körper mit allen benötigten Vitalstoffen. So halten Sie Ihren Organismus lange fit. Wichtig ist aber, dass Sie das Essen genießen, denn auch gutes Essen ist für Lebensqualität verantwortlich.

10. Challenge – Länder kochen

Nachdem Sie nun mehr zu Hause kochen, kann es leicht sein, dass Ihnen bald die Ideen ausgehen. Da kommt diese Challenge wie gerufen. Es gibt 195 Länder auf unserer Erde und jedes Land hat ein typisches Nationalgericht. Suchen Sie sich nun die einzelnen Länder und die traditionellen Speisen, die dort zubereitet werden.

Nun reisen Sie kulinarisch wöchentlich, monatlich oder auch täglich in ein anderes Land. So lernen Sie nicht nur die verschiedenen Länder kennen, sondern erfahren durch die Recherche auch viel über die unterschiedlichen Kulturen. Wer weiß, vielleicht entdecken Sie bei der Suche nach landestypischen Speisen auch das eine oder andere Land, das Sie demnächst selbst bereisen wollen.

11. Einen Kochkurs machen

Auch wenn Sie ausgezeichnet kochen können, so gibt es sicher Gerichte, die Sie noch nie gekocht haben. Wie wäre es mit einem Kurs zum Brotbacken oder Pasta machen? Vielleicht wollen Sie auch lernen, wie man thailändisch, indisch oder chinesisch kocht?

Bei einem Kochkurs lernen Sie nicht nur neue Speisen zubereiten, sondern Sie lernen auch neue Leute kennen. Gerade im Ruhestand ist es wichtig, dass Sie soziale Kontakte pflegen. Zudem ist es lustig, die unterschiedlichsten Menschen aus verschiedenen Schichten und mit anderen Backgrounds zu treffen. Es kommt dort sicher zu spannenden Gesprächen und wer weiß, vielleicht ergibt sich ja auch eine neue Freundschaft.

12. Eine neue Sprache lernen

Man ist nie zu alt, um etwas Neues zu lernen. Vielleicht wollen Sie in Zukunft öfter nach Italien reisen. Da würde es sich anbieten, Italienisch zu lernen. Vielleicht haben Sie vor, im Ruhestand auf Mallorca oder Gran Canaria zu überwintern. Dann ist es von Vorteil, wenn Sie Spanisch lernen.

Wenn Sie mit Ihren Englischkenntnissen nicht mehr ganz zufrieden sind, dann machen Sie doch einen Englischkurs. Wollen Sie nach Thailand reisen, dann buchen Sie einen Thai-Kurs. Hier haben Sie unzählige Möglichkeiten und Sprachen lernen erweitert immer den Horizont.

Sie können sich Bücher und CDs kaufen und alleine zu Hause lernen. Es gibt auch im Internet eine Fülle an Onlinekursen, die gute Erfolge erzielen. Vielleicht können Sie aber auch in der Volkshochschule an einem Sprachkurs teilnehmen.

13. Ein Wohnmobil ausleihen

Mit einem Wohnmobil unterwegs zu sein bedeutet Freiheit pur. Sie haben hier ein Leben ohne Grenzen. Sie können jeden Tag einen neuen Ort besuchen und haben dennoch alle Annehmlichkeiten und einen gewissen Luxus ständig dabei.

Die meisten Wohnmobile dürfen Sie mit einem gängigen Pkw-Führerschein lenken. Wohnmobile mieten können Sie in vielen

Städten. Vergleichen Sie im Vorfeld die Preise und besichtigen Sie auch ein Wohnmobil, bevor Sie sich damit auf Reisen machen. Denken Sie beim Mieten auch an die passende Versicherung, falls doch ein kleines Missgeschick passiert.

In einem Wohnmobil können Sie schlafen, kochen, duschen und es ist auch eine Toilette vorhanden. Sie sind damit absolut unabhängig. Starten Sie klein und beginnen Sie mit einem Wochenende. So erkennen Sie sofort, ob es Ihnen Spaß macht. Mit dem Wohnmobil können Sie sowohl das eigene Land, aber auch die gesamte Welt erkunden. Wer weiß, vielleicht entscheiden Sie sich ja in Zukunft, ein eigenes Wohnmobil zu kaufen.

Sie können viel über Wohnmobile und Co auf Spezialmessen erfahren. Diese werden meist ein bis zweimal pro Jahr in größeren Messe-Städten abgehalten. Die Messen finden Sie im Internet aufgelistet. Suchen Sie hier nach den Schlagworten: Campingmesse, Caravan, Camping, Urlaub- und Freizeitmesse oder auch Boot und Camper.

14. Einen eigenen Garten anlegen

Hier haben Sie zahlreiche Möglichkeiten und können ebenfalls ganz klein beginnen. Bereits auf einem kleinen Balkon lassen sich Kräuter, Tomaten, Erdbeeren und mehr ziehen. Wenn Sie auch keinen Balkon besitzen, so legen Sie sich doch einen kleinen Kräutergarten in der Küche und am Fensterbrett an.

Falls Sie einen kleinen Garten haben, so haben Sie jetzt die Zeit, sich um ein Hochbeet zu kümmern. Ebenfalls eine Möglichkeit ist es, einen Garten zu pachten. In vielen Städten werden diverse Parzellen angeboten, die bewirtschaftet werden dürfen. Es gibt auch unterschiedliche Gemeinschaftsprojekte. Hier schließen sich Städter zusammen und bewirtschaften am Stadtrand kleine Gärten.

Vielleicht haben Sie im Ruhestand ja Lust, zu einem Selbstversorger zu werden und sämtliches Obst und Gemüse für den eigenen Gebrauch selbst zu kultivieren. Im Internet finden Sie immer Informationen, welche Angebote bei Ihnen in der Region möglich sind.

15. Ein Buch schreiben

Garantiert haben Sie in Ihrem Leben bereits viel Spannendes und Aufregendes erlebt. Vielleicht haben Sie auch schon öfter gesagt, dass Sie darüber ein Buch schreiben könnten. Nehmen Sie den Ruhestand nun zum Anlass und verwirklichen Sie diese Idee.

Schreiben Sie eine Art Memoiren oder über gewisse Erlebnisse in Ihrem Leben. Sie können aber auch eine Fantasy Geschichte, einen Krimi oder einen Liebesroman schreiben. Hier sind der Fantasie keine Grenzen gesetzt. Vielleicht haben Sie tolle Rezepte, die bereits seit Generationen weitergegeben wurden. Da würde sich ein Kochbuch anbieten.

Können Sie besonders schön dichten oder schreiben Sie romantische Kurzgeschichten? Haben Sie Lust, ein Kinderbuch für Ihre Enkel zu schreiben? Dann gehen Sie das Projekt jetzt an. Heutzutage ist es auch wirklich einfach, eigene Bücher im Selfpublishing herauszubringen. Wer weiß, vielleicht hat ja auch ein Verlag Interesse an Ihrem Projekt. Es wäre doch auch toll, wenn sich daran etwas Geld verdienen ließe.

16. Eine eigene Webseite gestalten

Kreieren Sie eine eigene Webseite mit regelmäßigen Blogs, Fotos und Videos. Diese Webseite kann zu unterschiedlichen Themen eingerichtet werden. Vielleicht möchten Sie Ihren Ruhestand zum Thema machen. Hier dokumentieren Sie, wie Sie den Eintritt in diesen erlebt haben.

Teilen Sie Ihre Erfahrungen mit anderen und garantiert können Sie so vielen Menschen gute Ratschläge geben. Ebenfalls ist es spannend, wenn man Sie online bei Ihren Reisen begleiten kann. Sehen Sie den Blog als eine Art Reisetagebuch. Hier laden Sie Fotos hoch, drehen kleine Videos und geben Tipps, an welchen Orten es besonders schön ist.

Sie könnten auch einen Koch-Blog anlegen oder jedes andere Thema wählen, dass Ihnen am Herzen liegt. Egal ob Hunde, stricken, nähen, Modellflieger basteln, wandern und klettern, Yoga oder Energieheilung, hier können Sie wirklich jedes Thema veröffentlichen, welches Sie selbst interessiert und mit dem Sie sich täglich befassen. Ein kleiner Tipp: Kommen die Webseiten und Blogs gut an, so lässt sich damit sogar ein kleines Taschengeld verdienen. Recherchieren Sie dazu einfach zum Thema Tantiemen bei VG Wort.

17. Regelmäßige Treffen mit Freunden

Wer jeden Tag zur Arbeit geht, hat wenig Zeit für regelmäßige Treffen mit Freunden. Das können Sie nun alles nachholen und ihr soziales Leben wieder auffrischen. Treffen Sie sich mit Freunden einmal pro Woche zum Frühstück oder zum 5-Uhr-Tee. Vielleicht können Sie sich auch einer Stammtischrunde anschließen.

Gibt es bei Ihnen ein traditionelles Gasthaus, das der Treffpunkt aller ist? Dann gehen Sie doch auch öfter dorthin. Garantiert lernen Sie Leute kennen, die sich regelmäßig treffen. Wenn man sich sympathisch ist, dann geht es ganz automatisch und Sie werden auch in die Runde aufgenommen.

18. Ins Fitnesscenter gehen

Während der Arbeit hatten Sie keine Zeit für das Fitnesscenter. Abends waren Sie immer viel zu müde, um noch Sport zu betreiben. Vielleicht hatten Sie ja früher schon einmal einen Vertrag mit einem Sportstudio, diesen aber nie genützt, einfach weil es an der Zeit fehlte.

Nun aber haben Sie Zeit genug und sollten auch Ihren inneren Schweinehund bezwingen. Und denken Sie ja nicht, dass nur junge Leute in ihren Zwanzigern ins Fitnesscenter gehen. Sie werden dort in bester Gesellschaft sein. Vor allem vormittags oder generell während des Tages besuchen vor allem Sportler in der Altersgruppe 50 Plus die Fitnesscenter.

Lassen Sie sich beraten und von einem professionellen Trainer einen individuellen Trainingsplan erstellen. Das ist wichtig, da dieser genau auf Ihre körperliche und gesundheitliche Verfassung ausgelegt ist. Egal ob Sie etwas abnehmen wollen oder Muskeln aufbauen möchten, alles ist möglich. Sie werden auch erkennen, dass ein bisschen sportliche Betätigung gut für Körper, Geist und Seele ist.

19. Flohmärkte besuchen

Meist finden Flohmärkte am Wochenende statt. Die beste Zeit, um einen Flohmarkt zu besuchen, ist der frühe Morgen. Richtige Flohmarkt Profis sind dort bereits vor 8 Uhr morgens oder noch eher anzutreffen. Auf dem Flohmarkt können Sie einfach schlendern und stöbern. Dort finden Sie aber auch das eine oder andere Schnäppchen.

Im Zuge der Nachhaltigkeit können Sie dort Spiele, Bücher, Textilien, Dekoartikel, Elektrogeräte und vieles mehr für kleines Geld erhalten. Vielleicht gehen Sie ja gemeinsam mit Freunden auf den Flohmarkt.

20. Upcycling für Möbel und mehr

Haben Sie Lust auf eine neue Einrichtung, möchten aber nicht zu viel Geld investieren? Dann könnte Upcycling die perfekte Lösung sein. Upcycling bedeutet, alte Möbel oder Gegenstände aufarbeiten und quasi neues Leben einhauchen. Alte Stühle lassen sich mit neuem Stoff beziehen. Holzmöbel können Sie abschleifen und neu, gerne auch farbig lackieren und aus alten Gurkengläsern könnten Sie Lampen oder Aufbewahrungsdosen herstellen.

Im Internet gibt es eine Menge Tipps zu diesem Thema. Auch in Büchern oder YouTube-Tutorials finden Sie leicht verständliche Anleitungen, wie Sie aus Alt Neu machen. Eine Variante wäre auch, aus alten Holzpaletten Betten, Bänke und Regale zu zimmern oder aus ausrangierten Gießkannen, Gummistiefeln und Gugelhupf-Formen kreative Blumenübertöpfe zu gestalten. Beim Upcycling stehen Ihnen alle Möglichkeiten offen. Vielleicht finden Sie ja auch am Flohmarkt elegante, goldene Bilderrahmen, welche Sie zu einem stylishen Spiegel umfunktionieren könnten.

21. Yoga

Yoga ist eine alte, indische Lehre, die aus Übungen für den Körper und den Geist bestehen. Vielleicht haben Sie bis jetzt noch nie Yoga gemacht, da Sie immer dachten, Yoga ist der Sport mit den komplizierten Verrenkungen.

Auch das gibt es bei Yoga, doch diese Übungen sind den Fortgeschrittenen vorbehalten. Yoga kann wirklich jeder machen. Sie müssen dafür überhaupt nicht sportlich sein. Yoga kann helfen, wenn Sie körperliche oder seelische Beschwerden haben. Es gibt gegen sämtliche Zipperlein spezielle Yoga Übungen.

Yoga können Sie direkt in einem Yoga Kurs lernen. Vielleicht befindet sich ein Yoga Studio in Ihrer Nähe. Oft wird Yoga auch in Sportstudios oder auch an der Volkshochschule angeboten. Auch im Internet gibt es zahlreiche Tutorials und Videos mit tollen Anleitungen für Anfänger und Fortgeschrittene. Auch aus Büchern lässt sich Yoga sehr gut lernen.

22. Meditation

Meditation ist eine besondere Technik, um Körper, Geist und Seele in Einklang zu bringen. Beim Meditieren lernen Sie einfach an nichts zu denken und für eine gewisse Periode den Geist einfach frei laufen zu lassen.

Meditation hilft, wenn Sie angespannt oder nervös sind oder zum Beispiel nicht einschlafen können. Durch Meditation lernen Sie zufriedener zu sein und sich auf das Wesentliche zu konzentrieren.

Sie müssen auch nicht denken, dass Sie beim Meditieren nur still dasitzen müssen. Es gibt zahlreiche Variationen von Meditationen und auch für Sie ist da das Richtige dabei. Es gibt die traditionelle, stille Meditation, aber auch die Meditation im Gehen oder Tanz-Meditationen.

Finden Sie einen Meditationskurs in Ihrer Stadt oder suchen Sie nach guten Anleitungen online oder in Büchern.

23. Achtsamkeit lernen

Achtsamkeit ist ein besonderer Umgang mit sich selbst, den Mitmenschen und der Umwelt. Es ist spannend und wertvoll, wenn Sie sich intensiv mit diesem Thema befassen. Sie lernen durch gezieltes Achtsamkeitstraining die Welt und sich selbst bewusst wahrzunehmen, ohne diese aber zu bewerten oder zu beurteilen.

Achtsamkeit ist auch sehr eng mit Selbstliebe und Nächstenliebe verbunden. Sie lernen dabei auch, dass Sie sich besser auf etwas konzentrieren und einen bestimmten Fokus setzen. Sie lernen dabei, die Gedanken und Gefühle in gezielte Bahnen zu lenken.

Achtsamkeitstraining können Sie aus Büchern, Internet-Tutorials, aber auch Kursen lernen. Häufig wird Achtsamkeit auch in Yoga- oder Meditationsstudios unterrichtet.

24. Plastikfrei leben

No plastic liegt gerade voll im Trend. Sie sollten dies aber nicht praktizieren, um hipp zu sein, sondern weil Sie der Umwelt etwas Gutes tun möchten. Es ist bekannt, dass Plastik unseren Planeten zerstört. Garantiert haben Sie schon vom Mikroplastik in den Ozeanen gehört oder Schildkröten und andere Meerestiere gesehen, die qualvoll an Plastik verendet sind.

Daher kommt es auf jeden Einzelnen an und auch Sie können Ihren Beitrag leisten. Sie können damit beginnen, indem Sie keine Plastik Strohhalme mehr verwenden und zum Einkaufen immer Ihren Korb oder Ihre eigenen Tüten mitnehmen.

Auch gibt es in vielen Städten bereits sogenannte Unverpackt-Läden. Dort können Sie sämtliche Lebensmittel ohne Umverpackung einkaufen, wenn Sie Ihre eigenen Gefäße mitbringen. Bringen Sie zum Metzger eigene Boxen mit, so sparen Sie hier die Verpackung für Wurst, Fleisch und Co. Auch wenn Sie Obst und Gemüse am Markt einkaufen, können Sie auf einen Großteil an Plastik verzichten. Jedes einzelne Stück Kunststoff, das vermieden wird, ist ein großer Schritt in die richtige Richtung.

25. Zumba lernen

Zumba ist eine Art von Fitness-Übung, die mit Aerobic verglichen werden kann. Beim Zumba aber tanzen und trainieren Sie zu heißer lateinamerikanischer Musik und alle Bewegungen sind sehr schmissig und feurig.

Zumba wird in vielen Fitness Studios, aber auch in Volkshochschulen angeboten. Auch in vielen Vereinen und

Gemeinden werden Kurse angeboten. Sie können in das Thema auch hinein schnuppern, indem Sie sich Videos und Tutorials im Internet ansehen. Gerade auf YouTube finden Sie tolle Übungen – auch für absolute Beginner.

26. Mit dem Golf spielen beginnen

Das klingt zwar nach Klischee, doch Golf ist ein wunderbarer Sport und Sie können sich dabei stundenlang im eigenen, gerne moderaten Tempo, in der freien Natur bewegen. Golf im Ruhestand hat den Vorteil, dass Sie nun wirklich Zeit haben. Sie können im Sommer die angenehmen Vormittage während der Woche nutzen. Die Temperaturen sind meist noch angenehm und der Golfplatz gehört Ihnen alleine.

27. Ein Fahrrad oder E-Bike kaufen

Nun haben Sie endlich Zeit, das Fahrrad auch wirklich ausgiebig zu nutzen. Nun lohnt es sich auch, in ein anständiges Modell zu investieren. Vielleicht möchten Sie nun auch endlich das lang ersehnte E-Bike, damit Sie in Zukunft die Ausflüge so richtig genießen können.

28. Pensionistentreff besuchen

In vielen Gemeinden und Städten werden regelmäßige Pensionistentreffs veranstaltet. Vielleicht wollen auch Sie dem Pensionistenverein beitreten. Dieser ist nicht mehr mit den Vereinen zu vergleichen, wie sie noch vor zehn Jahren waren. Heute bieten diese Vereine Aktivitäten für aktive Rentner. Es wird meist ein facettenreiches Angebot mit vielen Ausflügen, Veranstaltungen und Reisen angeboten. Dieser Verein hat den Vorteil, Sie können mit den anderen Vereinsmitgliedern sehr viel unternehmen, weil alle über genügend Freizeit verfügen.

29. Einem Buchclub beitreten

Lesen ist ein schönes Hobby. Nicht umsonst heißt es, dass Lesen Abenteuer im Kopf sind. In einem Buchclub treffen Sie sich einmal pro Woche oder Monat und es werden ständig neue Bücher gelesen. Bei den Treffen wird über die gelesenen Bücher gesprochen und man gibt sich auch gegenseitig Tipps für lesenswerte neue Bücher. Es können so auch schnell über die Literatur hinaus neue Bekanntschaften und Freundschaften entstehen. Falls es bei Ihnen keinen Buchclub gibt, dann initiieren Sie selbst einen. Geben Sie Anzeigen auf und suchen Sie nach Interessierten. Theoretisch kann auch ein online Buchclub gut funktionieren. Meist aber finden sich auch in der realen Welt schnell genügend Leute für einen Buchclub.

30. Einen Tanzkurs besuchen

Es gibt unterschiedliche Tanzkurse. Egal ob klassische Kurse mit Standard und Latein, Samba und Salsa Tanzkurse, Bauchtanzkurse, Ausdruckstanz, Jazztanz oder Hipp Hopp – es werden eine Vielzahl an Tanzkurse angeboten. Egal ob Sie einen Partner oder eine Partnerin haben, besuchen Sie diesen Kurs mit oder ohne Partner. Gerade alternative Tanzkurse können auch gut mit der besten Freundin oder einem guten Freund absolviert werden. Natürlich wäre es auch schön, wenn der eigene Partner Interesse daran hätte.

31. Eine Gourmetreise

Diese Reisen werden häufig angeboten, können aber auch auf eigene Faust arrangiert werden. Recherchieren Sie, welche Hauben- oder Sterneköche sich in der Umgebung befinden. Suchen Sie nach den Restaurants Ihrer liebsten Fernsehköche oder lesen Sie im Gault Millau oder Falstaff nach, welche Restaurants gerade sehr empfehlenswert sind. Machen Sie nun einmal pro Monat einen Ausflug in eines dieser exquisiten Häuser und lassen Sie es sich so richtig gut gehen. Ein Tipp: Im Hangar 7 in Salzburg kochen jeden Monat unterschiedliche Meisterköche aus aller Welt.

32. Schließen Sie ein Kultur-Abo ab

Egal ob Theater, Musical, Oper oder andere kulturelle Veranstaltungen, viele Theaterhäuser bieten sogenannte Abos an. Damit erhalten Sie einen ermäßigten Eintritt zu den einzelnen Aufführungen. Diese Abos gehen meist über ein halbes Jahr oder eine Festspiel-Saison und sie haben immer die Gewissheit, bereits eine Eintrittskarte zu haben – auch wenn das Theater oder die Oper schnell ausverkauft ist. Viele Veranstaltungshäuser bieten ein abwechslungsreiches und buntes Programm an. Mit einem Abo kommen Sie in den Genuss von Lesungen, Kabarett, Oper, Operette, Musical, Theater und mehr.

33. Ein Musikinstrument lernen

Es ist nie zu spät, um ein Instrument zu lernen. Vielleicht hatten Sie immer schon Menschen bewundert, die Gitarre oder Klavier spielen können. Nun haben Sie Zeit, um selbst ein Instrument zu lernen. Es gibt für alle Instrumente tolle Onlinekurse. Sie können aber auch eine Musikschule besuchen oder nach einem Privatlehrer suchen. Es gibt auch super Unterlagen für autodidaktisches Lernen. Wählen Sie die Methode, mit der Sie am besten zurechtkommen.

34. Der Motorrad-Führerschein

Jetzt ist die Zeit, in der Sie alles nachholen können, wofür Sie früher keine Zeit hatten. Wer sagt, dass man für einen Motorradführerschein 18 oder 20 Jahre alt sein muss. Garantiert fahren etwas ältere Motorradfahrer viel besonnener und sicherer. Nach erfolgreich abgelegter Prüfung können Sie sich ja einen Chopper ausleihen und damit eine Tagestour unternehmen. Vielleicht finden Sie ja in der Umgebung einen Motorradklub. Sie werden überrascht sein, dass bei diesen Klubs Mitglieder in allen Altersklassen zu finden sind.

35. Bungee Jumpen gehen

Springen Sie über Ihren eigenen Schatten und machen Sie einmal etwas, wozu bis jetzt der Mut gefehlt hat. Bungee Jumping ist garantiert ein einmaliges Erlebnis, das eine gewisse Überwindung benötigt. Viele werden aber auch regelrecht süchtig nach dem Sprung und den freien Fall. Vielleicht haben Sie ja Freunde oder Bekannte, die Sie dabei begleiten. Ein Hit ist es auch zum Beispiel, den Sprung mit den Enkelkindern zu machen. Es ist auch super, wenn Sie in den verschiedensten Ländern Bungee Jumpen. Machen Sie immer Fotos und halten Sie fest, wenn Sie in Italien, Neuseeland, Hongkong oder Texas Bungee Jumpen.

36. Fallschirm springen

Erfüllen Sie sich doch endlich den Wunsch und leisten Sie sich einen Tandem Sprung. Vielleicht wollen Sie auch Kurse machen, damit Sie später alleine mit dem Fallschirm aus dem Flugzeug springen dürfen. Lassen Sie sich auch von niemanden einreden, dass man das in diesem Alter nicht mehr macht. Wer bestimmt schon, was das perfekte Alter dafür ist. Zudem ist es heute doch so, 50 ist das neue 30, 60 ist das neue 40 und mit 70 sind Rentner heute viel fitter als 50-Jährige vor einem Jahrzehnt.

37. Paragliden gehen

Paragliding ist eine tolle Möglichkeit, um Landschaften von oben zu erkunden. Fahren Sie ins Gebirge, dort werden diese Kurse regelmäßig angeboten. Es macht Spaß, mit dem eigenen Schirm aus luftiger Höhe ins Tal zu gleiten. Für den Anfang können Sie einen Tandem-Glide machen und herausfinden, ob dies nicht ein tolles, neues Hobby werden könnte.

38. Dem Sparverein beitreten

Sparverein klingt zwar jetzt altmodisch, erlebt aber in letzter Zeit wieder ein absolutes Comeback. Erkundigen Sie sich, ob in Ihrem Dorfwirtshaus, beim Kirchenwirt oder in der Gemeinde ein Sparverein existiert. Diese Vereine treffen sich meist zweimal pro Monat und das Sparen steht nicht unbedingt an erster Stelle. Viel wichtiger ist, dass man sich trifft und unterhält. Sparvereine freuen sich immer über neue Mitglieder. Neben den neuen sozialen Kontakten hat der Sparverein den Vorteil, dass Sie etwas Geld ansparen können. Damit können Sie sich später wieder etwas Tolles und Großes, wie zum Beispiel eine Reise bezahlen.

39. Einem Chor beitreten

Wenn Sie gerne singen, dann ist ein Chor sicher eine tolle Sache. Es macht Freude, in der Gemeinschaft zu singen. Vielleicht gibt es auch eine Band oder einen kleinen Gesangsverein, dem Sie sich anschließen können. Vielleicht möchten Sie ja selbst eine Singgruppe starten, falls es in diese Richtung nichts in Ihrer Region gibt. Für alles findet sich eine Lösung und mit ein bisschen Eigenantrieb lässt sich alles arrangieren.

40. Marathon oder Halbmarathon trainieren

Sport ist gut für Körper, Geist und Seele. Jetzt haben Sie Zeit, ein richtig großes Projekt zu starten. Für einen Marathon oder Halbmarathon müssen Sie ohnehin einige Monate einplanen. Gehen Sie einfach jeden Tag laufen, machen Sie Ausdauertraining und suchen Sie sich einen Sport-Buddy. Gemeinsam macht das Trainieren noch mehr Spaß. Wenn Sie fit für einen Halbmarathon sind, können Sie an unterschiedlichsten Locations teilnehmen. So lernen Sie nicht nur neue Leute, sondern auch neue Städte und sogar Länder kennen.

41. Regelmäßig zur Massage gehen

Gönnen Sie sich regelmäßig einen Besuch bei der Massage. Das tut nicht nur dem Körper und den Muskeln, sondern auch dem Geist gut. Sie können auch einen Massagekurs buchen. Optimal wäre ein Kurs zusammen mit dem Partner oder mit deinem Freund oder einer Freundin. So kann das Gelernte dann immer gegenseitig angewendet werden. Massagekurse werden an Volkshochschulen, aber auch in Reha-Zentren und Ähnlichem angeboten.

42. Kosmetik und Fußpflege

Gepflegte Hände und Füße tragen zum Wohlfühlgefühl und zum Selbstbewusstsein bei. Zudem tut es gut, wenn sich jemand um Ihre Haut kümmert und dafür sorgt, dass das Gesicht ein bisschen Jugendlichkeit zurückbekommt. Während der Arbeit hatten Sie wenig Zeit für Dinge wie Kosmetik, da Sie während der Woche selbst arbeiten mussten. Jetzt können Sie alles nachholen und dürfen diese Termine so richtig genießen.

43. Den Kleidungsstil ändern

Vielleicht mussten Sie während der Arbeit immer speziell gekleidet sein. Anzug und Krawatte, Kostüm und schickes Kleidchen gehören bei vielen Menschen einfach dazu. Auch wenn Sie selbstständig waren, mussten Sie sich stets adrett kleiden, um ein gutes Bild zu machen. Nun aber können Sie sich kleiden, wie Sie möchten. Ob Jeans und T-Shirt, knallig bunte Farben, weite Palasthosen oder Hippie Outfits, oder eben plötzlich elegant und edel – sie können sich nun überlegen, welcher Kleidungsstil zu Ihnen passt und worin sie sich wirklich wohl fühlen. Vielleicht haben Sie ja auch Lust auf eine Typ-Beratung. Ein Umstyling kann auch ein großer Schritt in einen neuen Lebensabschnitt sein.

44. Die Haare färben

Wer sagt, dass man sich als Rentner damit abfinden muss, dass die Haare grau werden? Es hat auch nichts mit in Würde altern zu tun. Sie können auch mit wild und bunt gefärbtem Haar eine Würde zeigen. Vielleicht mussten Sie immer adrette Frisuren tragen, weil Sie in der Öffentlichkeit standen. Nun können Sie experimentieren. Vielleicht haben Sie Lust auf einen verrückten Haarschnitt und knallbunte Strähnen. Lassen Sie sich einfach beraten oder suchen Sie im Internet nach Frisuren, die Ihnen gefallen. Wenn es dann doch nicht das Wahre ist: Haare wachsen wieder nach und Farben lassen sich in kürzester Zeit wieder umfärben.

45. Ein Tattoo stechen lassen

Jetzt sind Sie alt genug und hatten ausreichend Zeit, um es sich reiflich zu überlegen, ob Sie ein Tattoo möchten oder nicht. Vielleicht haben Sie ein bestimmtes Symbol, dass Ihren neuen Lebensabschnitt symbolisieren soll. Vielleicht haben Sie sich das Tattoo schon ewig gewünscht, hatten jedoch Skrupel, weil die Arbeitskollegen oder die Familie etwas dagegen hätten sagen können. Nun aber ist Ihre Zeit gekommen. Sie können nun tun, was immer Sie wollen. Warum also nicht ein Tattoo, wenn das Ihr Wunsch ist. Sprechen Sie mit einem Tattoo-Künstler. Der wird Ihnen auch erzählen, dass es keine Seltenheit ist, dass sich Rentner oder die Altersklasse 50 Plus für ein erstes Tattoo entschließen.

46. Ohr- oder Nasenring stechen lassen

Auch hier kann es sein, dass Sie immer schon einen Ohrstecker haben wollten, in Ihrem Beruf war es aber nicht erwünscht, dass Mann einen Ohrring trägt. Auch als Frau ist es oft schwierig, einen Nasenstecker zu tragen, während Sie im Arbeitsalltag steht. Nun aber müssen Sie sich für nichts mehr rechtfertigen. Wenn Sie Lust auf ein Piercing jeglicher Art haben, dann lassen Sie es sich einfach stechen.

47. Stammbaum und Ahnenforschung

Ahnenforschung kann sehr spannend, aber auch sehr zeitaufwändig sein. Diese Zeit haben Sie nun. Den Anfang können Sie einfach von zu Hause aus recherchieren. Sie können auch diverse Programme in Anspruch nehmen, die im Internet angeboten werden. Sie können sich aber auch aktiv auf den Weg machen. Sind Ihre Ahnen irgendwann vom Ausland immigriert oder gibt es Verwandte, die vor Generationen nach Amerika ausgewandert sind? Machen Sie sich auf die Suche. Verfolgen Sie die Spuren und erfahren Sie viel Spannendes und Interessantes über Ihre Herkunft. Vergessen Sie nicht, alles ordentlich zu dokumentieren.

48. Freunde aus der Grundschule suchen

Mit Studienkollegen oder Klassenkameraden aus der höheren Schulstufe haben Sie vielleicht immer noch Kontakt. Vielleicht waren Sie bereits bei einigen Klassentreffen, die gerne alle 10 Jahre veranstaltet werden. Doch zu Freunden und Freundinnen aus der Grundschule oder dem Kindergarten bricht der Kontakt meist gänzlich ab, es sei denn, sie leben immer noch in dem kleinen Dorf und niemand ist von dort weggezogen. Suchen Sie nach einem alten Klassenfoto oder einem Gruppenbild aus der Kindergartenzeit. Jetzt kommt schon die erste Schwierigkeit. Versuchen Sie, sich an alle Namen zu erinnern. Vielleicht hilft es, wenn Sie noch mit der einen oder anderen Person befreundet sind. Ansonsten kann auch das Internet eine gute Unterstützung bei der Recherche sein. Arrangieren Sie ein Treffen, Sie werden sehen wie lustig es ist, sich nach 50 Jahren oder mehr wieder zu sehen.

49. Im Bett frühstücken

Machen Sie es sich einfach zum Ritual, an manchen Tagen gemütlich im Bett frühstücken. Es treibt Sie nichts an, Sie haben keine Termine und können Ihren faulen Vormittag gemütlich im Bett zelebrieren. Hören Sie dabei Musik oder schalten Sie den Fernseher ein. Sie können auch gemütlich ein Buch lesen, nebenbei im Internet auf den sozialen Netzwerken surfen. Lassen Sie einfach den Tag langsam starten. Wenn das Telefon klingelt, heben Sie nur ab, wenn Sie wirklich Lust darauf haben. Oder rufen Sie irgendeine liebe Person an und quatschen Sie während des Frühstücks im Bett gemütlich stundenlang dahin. Vielleicht wollen Sie dieses ausgedehnte Frühstück auch mit einem Partner genießen.

50. Geo Caching

Geo Caching ist eine moderne Art der Schnitzeljagd, die auf GPS-Daten aufgebaut wird. Sie können sich Apps herunterladen und sehen genau, an welchem Standort ein Schatz versteckt ist. Diesen suchen Sie nun. Sie öffnen den Behälter und entnehmen das kleine Geschenk. Sie müssen nun ebenfalls wieder etwas in die Schatzkiste packen, damit auch die nächsten Schatzsucher wieder etwas finden können. Geo Caching wird auf der ganzen Welt betrieben. Wenn Sie zum Beispiel auf Urlaub in Griechenland, Amerika oder Asien sind, können Sie sich auch dort mit den Koordinaten auf die Suche machen.

51. Steine sammeln und wieder aussetzen

Gehen Sie spazieren und sammeln Sie zum Beispiel am Flussufer schöne Steine. Nehmen Sie diese nun mit nach Hause. Zu Hause werden die Steine bemalt und lackiert. Danach können Sie die Steine wieder aussetzen. Platzieren Sie diese an Orten, wo sie von anderen gesehen werden. So können sich auch andere an den bunten Kunstwerken erfreuen. Manche Menschen nehmen auch gerne diese bunten, gefundenen Steine mit nach Hause und dekorieren die eigenen vier Wände oder den Garten damit. Dieser Trend mit den bemalten Steinen schwappt gerade erst von Kalifornien zu uns und immer häufiger sind bereits kunstvoll bemalte Steine zu finden. Sehr beliebt ist bei der Verzierung eine spezielle Punktetechnik.

52. Partnerkurse besuchen

Hier ist es egal, welche Art von Kurs Sie besuchen. Ob Sprachkurs, Kochkurs, Sport oder Kunst, wichtig ist, dass Sie den Kurs zusammen machen. Falls Sie keinen Partner haben, nehmen Sie den besten Freund oder die beste Freundin oder auch den Sohn oder die Tochter mit.

53. Einen Reisebuddy suchen

Egal ob Sie einen Partner haben oder nicht, oft ist es so, dass der Partner keine Zeit oder Lust hat, so viel zu reisen. Vielleicht bevorzugt der Partner aber auch den hohen Norden, während Sie selbst lieber in die Tropen reisen. Eventuell wollen Sie wandern, während der Partner seine freien Tage lieber in einem All Inklusive Klub verbringt. Sie können natürlich immer wieder Kompromisse schließen. Auf Dauer kann es aber auch eine gute Idee sein, wenn Sie sich einen Reisebuddy suchen. Mit dieser Person, egal ob männlich oder weiblich, planen Sie gemeinsame Urlaube und Reisen, die genau auf Ihren Geschmack zugeschnitten sind. Nehmen Sie das Internet zur Hilfe oder fragen Sie im erweiterten Bekanntenkreis herum.

54. Einen 3-Städte-Trip unternehmen

Egal ob im Inland oder im Ausland, nehmen Sie sich ein paar Tage Zeit und planen Sie einen 3-Städte-Trip. Sie können diese Städte mit dem eigenen Auto, mit dem Zug oder auch mit dem Flugzeug ansteuern. Verbinden Sie zum Beispiel Prag mit Budweis und Krumau oder steuern Sie Berlin, Hamburg und München an. Auch eine Kombination aus Wien, Salzburg und Innsbruck kann sehr interessant werden. Recherchieren Sie zuvor, welche tollen Sehenswürdigkeiten, welche Museen und welche tollen Restaurants es dort gibt.

55. Eine Fahrradtour durch Deutschland

Erkunden Sie das Land von Norden bis Süden oder von Osten bis Westen und planen Sie eine tolle Tour, die sich über mehrere Tage erstreckt. Packen Sie das Notwendigste in eine Satteltasche und los geht es. Sie können zwar Hotels im Vorhinein buchen. Spannender ist es aber, wenn Sie einfach dort halten, wo es Ihnen am besten gefällt. So haben Sie auch nicht den Druck, eine gewisse Etappe in einer bestimmten Zeit zu schaffen. Falls Sie an einem Tag etwas müder sind oder lieber länger in der Stadt bummeln, dann kommen Sie nicht in Stress, wenn Sie nichts vorgebucht haben. Zudem schadet ein wenig Spontanität nicht.

56. Eine Fahrradtour durch Österreich

In Österreich gibt es ebenfalls ganz besonders tolle Radwanderwege. Vor allem das Burgenland ist für einen riesigen Fahrradtourismus bekannt. Vielleicht gefällt Ihnen auch der Wachau Fahrradweg und Sie radeln entlang der Donau und besuchen Schlösser, Klöster und Weingärten. Auch die Marillen aus der Wachau sind sehr bekannt und köstlich. Alternativ können Sie aber auch durch Holland oder Dänemark radeln. Sie haben jetzt ja Zeit und können ein Land nach dem anderen auf dem Drahtesel erkunden.

57. Einige Tage am Gardasee zelten

Auch wenn Sie noch nie in einem Zelt übernachtet haben, verlassen Sie Ihre Komfortzone. Sie können sich garantiert von jemandem ein Zelt ausleihen, das sich mit wenigen Handgriffen aufbauen lässt. Wenn Ihnen das Zelten gefällt, können Sie später immer noch ein neues Zelt kaufen. Fahren Sie mit dem Zug oder dem Auto an den

Gardasee. Genießen Sie die Fahrt über den Brenner, halten Sie in Südtirol und essen Sie dort köstliche Maroni oder knackige Äpfel. Am Gardasee warten unzählige Campingplätze. Hier erleben Sie bereits sehr viel italienisches Flair.

58. Nach Venedig reisen

Es gibt Städte, die Sie vielleicht schon immer besuchen wollten. Venedig ist so eine Stadt, die immer Sehnsüchte erweckt. Eventuell haben Sie gerne die Romane von Donna Leon gelesen oder die Filme gesehen. Nun haben Sie Zeit und Ausreden gelten nicht mehr. Venedig lässt sich superschnell erreichen und hat sogar einen Flughafen, wenn Sie nicht so weit mit dem Auto oder Zug fahren wollen. Fahren Sie mit den Gondeln, laufen Sie über alle 400 Brücken der Stadt. Lassen Sie auf der Rialtobrücke und am Dogenpalast Ihre Träume wahr werden.

59. Eine Nacht in Paris

Paris ist die Stadt der Liebe. Entführen Sie Ihren Liebsten oder einen lieben Freund, eine Freundin oder das geliebte Kind für eine Nacht nach Paris. Sie können aber auch wunderbar alleine nach Paris fliegen und dort eine Nacht der Selbstliebe zelebrieren. Besuchen Sie den Eiffelturm, bestaunen Sie Kunstwerke im Louvre, spazieren Sie am Montmartre und trinken Sie eine Karaffe französischen Wein zu einem herrlichen Abendessen.

60. Nach Bangkok fliegen

Asien übt immer eine große Faszination aus. Vielleicht war Ihnen bis jetzt der Flug immer zu lange. Doch Hand aufs Herz, 11 Stunden Flugzeit lassen sich mit lesen, essen, schlafen und Filme gucken gut verbringen. Es gibt oft so günstige Angebote für Flüge, da ist es tatsächlich eine Überlegung wert, einfach für wenige Tage in die thailändische Metropole einzutauchen. Besichtigen Sie hier die Tempel und erfahren Sie viel über den gelebten Buddhismus. Schlendern Sie über die bunten Märkte und schlemmen Sie sich durch das kulinarische Angebot der Garküchen.

61. Ein Ayurveda Retreat buchen

Ayurveda ist eine alte indische Heilkunst, die Körper, Geist und Seele verbindet. Ayurveda ist mittlerweile auch bei uns gut angekommen und absolut beliebt. Sie finden in Deutschland, Österreich, der Schweiz oder auch in der Tschechischen Republik ganz tolle Ayurveda Hotel. Hier wird nicht nur Ayurveda Küche angeboten, sondern es stehen auch sämtliche Behandlungen wie der Stirnguss mit warmem Öl am Programm. In vielen dieser Hotels praktizieren auch echte Ayurveda Ärzte aus Indien oder Sri Lanka. Nach nur wenigen Tagen in einem Ayurveda Retreat werden Sie sich wie neu geboren fühlen.

62. Ein Schweigewochenende im Kloster

In vielen Klöstern werden oftmals verschiedene Seminare angeboten. Meist dienen diese dazu, wieder zu sich selbst zu finden. Gerade beim Eintritt in einen neuen Lebensabschnitt kann ein solches besinnliches Wochenende sehr hilfreich sein. Ein ganzes

Wochenende schweigen und nur mit sich selbst und der eigenen Achtsamkeit beschäftigt zu sein, ist ein Erlebnis, das man nicht so oft unternimmt. Das Schweigewochenende kann Ihnen helfen, um den Wechsel von stressigem Arbeitsalltag auf das ruhige Leben in der Rente einfacher zu verarbeiten.

63. Mit dem Bully nach Indien reisen

Haben Sie bereits bei dieser Überschrift das Leben der Uschi Obermaier vor Augen? Sehen Sie vor Ihrem geistigen Auge einen bunten Bully und eine farbenfrohe Hippie Community? Dieses Projekt benötigt natürlich etwas längere Vorbereitung. Der Bully muss organisiert werden und auch die Route will exakt ausgearbeitet werden. Welche Visa benötigt werden, erfahren Sie im Internet und auf den jeweiligen Botschaften. Es ist aber garantiert ein unvergessliches Erlebnis, wenn Sie nach einigen Tagen Fahrtzeit in Goa angekommen sind.

64. Ein Ashram besuchen

Ashrams waren einst die Einsiedeleien der Asketen. Heute bezeichnet Ashram die Communitys in welchen vieles auf Meditation, Yoga, Prana und Achtsamkeit aufgebaut ist. In Indien können Sie authentische Ashrams besuchen, welche noch von einem traditionellen Guru geführt werden. Doch auch in Europa, sogar im deutschsprachigen Raum, finden Sie tolle Ashrams. Dort können Sie den Stress des Alltags abwerfen, wieder zu sich selbst finden und vielleicht auch herausfinden, welche Richtung Ihr Leben in Zukunft nehmen wird. Wenn Sie sich unter Ashram nichts vorstellen können, dann sehen Sie sich den Film "Eat, pray, love" mit Julia Roberts an. In einem Abschnitt des Filmes besucht die

Hauptdarstellerin ein Ashram auf Bali, um den Sinn des Lebens wieder zu erkennen.

65. Auf einer Ü-50 Party abtanzen

Ü-30 Partys waren gestern. Heute sind Ü-50 Partys so richtig angesagt. Kein Wunder, war die Musik zu jener Zeit auch wirklich genial. Begeben Sie sich auf musikalische Zeitreise und tanzen Sie eine Nacht zu den Klängen Ihrer Jugend durch. Ob Conny Francis, The Supremes, Beatles, CCR, Udo Jürgens und die Beach Boys, Lobo, Jürgen Drews, Abba, Boney M und Peter Maffay, bei dieser Musik werden garantiert bei allen Erinnerungen wach.

66. Auswandern

Dieser Vorschlag passt sicher nicht für viele. Manche aber haben während des gesamten Arbeitslebens nur den einen Wunsch: Auszuwandern und der alten Heimat den Rücken zu kehren. Nun können diese Träume verwirklicht werden. Das sollte natürlich keine spontane Entscheidung sein und sollte gut geplant werden. Es ist jedoch so, dass mit einer durchschnittlichen Rente das Leben in vielen Ländern das Leben einfach möglich ist und Sie sogar in anständigem Luxus leben können. Bevor Sie jedoch alle Zelte abbrechen, sollten Sie für einige Monate in Ihrem ausgewählten Land auf Probe leben. Auch sollten Sie immer an Dinge wie Krankenversicherung, Visum und weite Entfernung zu Freunden und der Familie denken. Viele Auswanderer aber erzählen, dass sie seit der Auswanderung viel mehr Kontakt zu Freunden und der Familie haben, weil diese ständig zu Besuch kommen.

67. Die Partnerwahl

Viele Menschen sind in ihrer Beziehung unglücklich. Man bleibt wegen der Kinder verheiratet oder weil es einfach bequem ist. Wenn Sie jedoch unglücklich sind und sich jeden Tag beklagen, dann sollten Sie Nägel mit Köpfen machen. Niemand muss etwas ertragen, nur weil es die anderen so erwarten.

Auf der anderen Seite sind Sie vielleicht schon lange alleine. Dann nutzen Sie jetzt den neuen Lebensabschnitt dafür, um den passenden Partner zu finden. Gehen Sie auf die Pirsch in eine Bar oder in Kursen oder Vereinen. Sie können aber auch das Internet nutzen. Das ist längst salonfähig geworden und heutzutage lernen sich viele glückliche Paare auf diesem Weg kennen. Es gibt hier zahlreiche Apps, die vertrauenswürdig sind. In diesen Partnerbörsen finden Sie den Partner, den Sie sich vorstellen, denn hier kann perfekt vorsondiert werden. Auch heißt es nicht, dass Sie sofort einen festen Partner auswählen müssen. Vielleicht finden Sie auch Spaß daran, einfach eine Zeit lange einige unterschiedliche Partner zu daten.

68. Den Jakobsweg gehen

Der Jakobsweg, auch unter dem Namen Camino de Santiago bekannt, ist ein Pilgerweg. Dafür müssen Sie einige Wochen einplanen. Lesen Sie zur Einstimmung unbedingt diverse Literatur über den Jakobsweg. Die Strecke kann sehr anstrengend werden und auch übernachtet wird in der Regel in einfachen Pilgerstätten in Schlafräumen der Kirchen und Klöster. Der Jakobsweg dient vielen Menschen der Selbstfindung und jeder hat seine speziellen Erlebnisse, die während des Jakobswegs passiert sind. Sie können aber auch einfacher mit kürzeren Weitwanderwegen beginnen.

69. Fotos sortieren

Haben Sie auch einen ganzen Computer und Festplatten voll mit Fotos und geht der Speicher des Mobiltelefons ebenfalls regelmäßig über, weil Sie so gerne fotografieren? Nehmen Sie sich Zeit, die Fotos zu sortieren und auch solche zu löschen, die Sie nicht mehr haben möchten. Auch Fotos löschen kann eine Art sein, Ballast abzuwerfen. Die schönsten Bilder können Sie auch ausdrucken und ein spezielles und besonderes Album anlegen. Vielleicht wollen Sie auch ein Foto vergrößern und in der Wohnung aufhängen, weil es Sie an einen besonders schönen Moment erinnert. Sie können auch Fotobücher zusammenstellen. Angebote dafür finden Sie günstig im Internet. Das ist auch eine tolle Geschenkidee für die Familie und Freunde.

70. In einer einsamen Hütte übernachten

Dafür müssen Sie nicht weit fahren, garantiert gibt es in Ihrer Nähe auch einsame Hütten, die Sie für eine oder mehrere Nächte buchen können. Lassen Sie das Auto unten auf dem Parkplatz stehen und erklimmen Sie den Rest der Strecke mit leichtem Gepäck. Genießen Sie die Einsamkeit und die Stille. Sitzen Sie vor der Hütte und erleben Sie ganz intensiv den Sonnenaufgang und -untergang. Kochen Sie auf dem alten Tischherd und waschen Sie sich am Morgen an der eiskalten Quelle. Sammeln Sie Kräuter für den Salat und den Tee hinter dem Haus oder gehen Sie Pilze und Beeren pflücken. Auf jeden Fall können Sie während der Tage auf der einsamen Hütte ganz bei sich sein. Einsamkeit kann ganz schön furchteinflößend sein. Wenn Sie jedoch mit sich selbst im Reinen sind, dann kann sie auch etwas ganz Wunderbares sein.

71. Gehen Sie Waldbaden

Waldbaden liegt gerade voll im Trend, dabei ist es nichts Neues. Sie gehen dazu einfach in den Wald und genießen dort die Stille und die gute Luft. Im Wald können Sie wunderbar auftanken, denn Bäume schenken uns eine ganz besondere Energie. Noch intensiver erleben Sie das Waldbaden, wenn Sie barfuß durch den Wald laufen. Das weiche Moos, die Nadeln oder das Moor unter den Sohlen stimuliert die Sinne. Setzen Sie sich auch ruhig eine Stunde oder länger unter einen Baum und denken Sie einfach an nichts.

72. Die Orte Ihrer Kindheit

Wenn Sie mittlerweile an einem ganz anderen Ort leben, fahren Sie zurück an den Ort, an dem Sie aufgewachsen sind. Lassen Sie die Gefühle der Kindheit wieder hochkommen. Hatten Sie eine traumhafte Kindheit? Dann werden Sie nun das Glück spüren. Waren Kindheit und Jugend nicht so prickelnd, so kann dieser Besuch zwar aufregend und ergreifend sein. Sie haben aber auch die Chance, einen Schlussstrich zu ziehen. Die Vergangenheit kann Ihnen nichts mehr anhaben. Heute sind Sie glücklich. Vielleicht möchten Sie auch das alte Haus der Großeltern aufsuchen. Vielleicht wohnen dort nun Fremde. Vielleicht dürfen Sie dennoch kurz eine Runde durch das alte Haus gehen und noch einmal die Großeltern ganz nahe fühlen.

73. Ins Casino gehen

Brezeln Sie sich ordentlich auf und gehen Sie ins Spielcasino. Setzen Sie auf Ihr Glück und wer weiß, vielleicht machen Sie einen schönen Gewinn beim Poker oder Roulette. Vielleicht klimpert es auch nett an den einarmigen Banditen. Vor allem aber dürfen Sie sich an diesem Abend wieder als jemand ganz Besonderer fühlen. Viele Casinos bieten auch tolle Pakete zum Geburtstag an oder haben Packages für Dinner und Casino oder schenken Ihnen zu einer Übernachtung eine gewisse Anzahl an Jetons. Ein Tipp: Gerade im Grenzgebiet zur Tschechischen Republik gibt es exklusive Hotels mit Casinos, die sehr günstig sind, aber wirklich tollen Luxus bieten.

74. Karaoke singen

In manchen Bars werden immer wieder Karaoke-Abende veranstaltet. Springen Sie über Ihren Schatten und melden Sie sich zum Karaoke an. Schnappen Sie sich eine kleine Runde an Freunden, denn gemeinsam blamiert man sich noch viel besser. Auf jeden Fall wird das ein lustiger Abend, auch wenn niemand von Ihnen ein wirklich guter Sänger ist. Wenn Sie dazu kein Lokal besuchen möchten, können Sie auch einen entspannten Karaoke-Abend bei sich zu Hause veranstalten und Freunde dazu einladen.

75. Relikte aus der Kindheit restaurieren

Steht bei Ihnen am Dachboden noch das alte Schaukelpferd aus Holz, das Puppenhaus aus den 60-er Jahren oder die Wiege oder der Stubenwagen, in welchem bereits ihr großer Bruder gelegen hat? Wäre es nicht toll, wenn diese Stücke wieder in neuem Glanz erstrahlen könnten? Mit etwas Geduld und Geschick lassen sich diese wieder restaurieren und aufmöbeln. Garantiert hat die Enkelin sehr viel Freude an dem Puppenhaus und niemand aus ihrem Freundeskreis besitzt eine solche Kostbarkeit. Der Enkel reitet sicher gerne auf dem Schaukelpferd mit echter Pferdemähne. Falls Ihre Kinder gerade Eltern werden, renovieren Sie doch die Wiege oder den Stubenwagen. Sicherlich wird es den Kindern viel bedeuten, wenn auch ihre Kinder in diesem traditionellen Familienstück liegen dürfen. Es ist auch eine wunderbare Vorstellung, wenn diese Stücke noch einige Generationen weitergegeben werden.

76. Aktfotos machen lassen

Wer sagt, dass man für Aktfotos einen jugendlichen Körper und eine Modelfigur benötigt. Sie müssen nur einen Fotografen finden, der mit viel Liebe, Einfühlungsvermögen und Talent fotografiert. Machen Sie diese Fotos nur für sich, oder überraschen Sie Ihren Partner damit. Diese Fotos können wieder neuen Schwung in eine leicht ermüdete Beziehung bringen. Sie können die Fotos aber auch als Paar machen lassen. Auch das kann für ein gewisses neues Pricken sorgen.

77. Ein eigenes Kochbuch schreiben

Garantiert haben Sie in Ihrem Leben bis jetzt einige Gerichte gekocht, die sich die Kinder oder der Partner immer wieder wünschen. Es gibt sicher den einen Kuchen, den nur Sie so hinbekommen und den Sie bereits vor 40 Jahren für Feste gebacken haben. Erinnern Sie sich an die Rezepte Ihrer Mutter und Ihrer Großmutter. Eventuell haben Sie sogar irgendwo noch ein handgeschriebenes Kochbuch der Vorfahren. Machen Sie daraus Ihr eigenes Kochbuch. Es ist oft so schade, wenn alte Familienrezepte in Vergessenheit geraten. Daher: Lassen Sie das nicht zu. Sie können das Kochbuch liebevoll mit der Hand schreiben. Es gibt aber auch die Möglichkeit für Selfpublishing. Hier können Sie das Kochbuch sogar veröffentlichen und vielleicht wird Ihr persönliches Kochbuch ja auch noch ein Bestseller.

78. Ein Pop oder Rockkonzert besuchen

Vielleicht ist der Star Ihrer Jugend gerade dabei, sein hundertstes Abschiedskonzert zu geben. Eventuell ist aber gerade ein Sänger oder eine Band auf Tour, die im Moment angesagt sind und die Sie auch ganz toll finden. Gehen Sie auf ein Konzert und buchen Sie die Plätze ganz vorne. Falls Sie die Möglichkeit haben, kaufen Sie sich auch ein Meet and Greet Ticket. So können Sie den Helden Ihrer Jugend hautnah kennenlernen oder überraschen Sie die Enkelin oder Tochter mit diesem Ticket, die ebenfalls große Fans von Pink, Madonna, Howard Carpendale oder ACDC sind.

79. Ins Auktionshaus gehen

Auktionen sorgen für einen speziellen Nervenkitzel. Sie können hier manches Mal für wirklich kleines Geld enorme Schätze ersteigern. Bieten Sie mit, wenn Sie den Ring Ihrer Träume sehen und leisten Sie sich ein besonders exklusives Schmuckstück oder eine tolle Uhr. Es gibt jedoch auch andere Auktionen, die viel Spaß machen. Auf Flughäfen werden oft Koffer versteigert, die niemand mehr abgeholt hat. Hier können Sie nur nach der Optik gehen, denn niemand weiß, was sich in den Koffern verbirgt. Hier können tolle Kostbarkeiten, aber auch absoluter Krempel zum Vorschein kommen. Manche Lagerhallen führen auch immer wieder

Versteigerungen durch, wenn jemand seine Garage nicht mehr bezahlt hat und sich auch nicht mehr darum kümmert. Auch hier können Sie für kleines Geld wahre Schätze ersteigern.

80. Enkelzeit einführen

Während Sie noch gearbeitet haben, hatten Sie selbst wenig Zeit für die Enkel und konnten oft nur an wenigen Wochenenden auf die Enkel aufpassen. Nun aber haben Sie mehr Zeit und können sich den Kleinen so richtig widmen. Führen Sie eine fixe Enkelzeit ein. Ihre Kinder werden sich auch garantiert über diese Entlastung freuen. Unternehmen Sie spannende Ausflüge oder genießen Sie es einfach, den Kindern etwas vorzulesen oder mit ihnen im Sandkasten zu spielen. Viele Großväter sind begeistert, weil sie nun endlich die Zeit haben, die sie bei den eigenen Kindern nicht hatten. Wie wäre es zum Beispiel mit einem Urlaub mit den Enkeln? Die Kinder sind darüber auch sicher erfreut, wenn sie etwas Qualitytime nur für sich als Paar haben.

81. Einen Tag ohne Elektrizität

Wir sind mittlerweile so verwöhnt und an Elektrizität gewohnt, dass es sehr hart ist, wenn einmal der Strom für nur eine Stunde weg ist. Wagen Sie doch einmal das Experiment und planen Sie einen kompletten Tag ohne Strom. Sie müssen hier gut überlegen, wie Sie sich morgens ohne heißem Wasser duschen, wie Sie das Wasser für die Toilette zuvor sammeln, weil ohne Strom auch die Pumpe nicht mehr funktioniert und wie Sie den Kaffee und die Mahlzeiten auf dem Gaskocher zubereiten. Abends lesen Sie noch beim Schein der Petroleumlampe und kuscheln sich früh ins Bett, denn ohne Strom funktionieren auch TV und Laptop nicht. Dieser Tag kann sehr besinnlich sein und Sie wieder auf spezielle Art und Weise erden.

82. Engagement für dem guten Zweck

Fragen Sie bei der Gemeinde oder der Stadt nach, wo Sie sich ehrenamtlich einbringen können. Auch können Sie im Internet recherchieren oder auch eine Agentur beauftragen. Es gibt tatsächlich bereits Agenturen, die ehrenamtliche Mitarbeiter für diverse Projekte sucht. Sie haben die Möglichkeit, alles einmal zu probieren. Sie sollten auch festlegen, ob Sie wöchentlich, monatlich, regelmäßig oder nur von Zeit zu Zeit ehrenamtlich mithelfen wollen. Hier verdienen Sie kein Geld, sondern den Dank der Menschen. Es tut gut, Gutes zu tun.

83. Eine Glücksliste schreiben

Wir leben in einer Gesellschaft der Nörgler und Motzer. Schnell lassen wir uns selbst auch davon anstecken. Jeder verlautbart sofort, was ihm missfällt und was er schlecht findet. Viele haben an allem etwas auszusetzen. Das ist aber sehr schlecht. Viel besser wäre es, sich jeden Tag und jede Minute darauf zu konzentrieren, was schön, toll, angenehm und positiv ist. Daher sollten Sie sich wieder auf Ihr eigenes Glück fokussieren. Schreiben Sie auf, was Sie bis jetzt glücklich gemacht hat. Machen Sie auch eine Liste mit Dingen, die Sie in Zukunft glücklich machen würden. Wenn Sie wieder schlecht gelaunt sind, werfen Sie einen Blick auf die Liste. Zudem können Sie immer die Dinge wiederholen, die Sie bereits einmal glücklich gemacht haben oder Punkte abarbeiten, die Ihnen für das große Glück noch fehlen.

84. In die Sauna gehen

Sie waren sicher schon öfter in der Sauna. Berufstätige haben das Problem, dass sie nur abends oder an den Wochenenden in die Sauna gehen können. Logischerweise sind diese zu diesen Zeiten dementsprechend überfüllt. Nun aber nutzen Sie unter der Woche die Vormittage oder Nachmittage und genießen den vielen Platz und die Ruhe, die abseits der Wochenenden und Abenden herrscht. Es ist doch viel angenehmer, wenn Sie in der Sauna nicht wie die Sardinen aufeinander kleben müssen. Auch können Sie nun um einen individuellen Aufguss mit den liebsten Aromen bitten und haben die freie Auswahl unter den unterschiedlichen Saunen. Meist ist es so, dass die besten Saunen immer heillos überfüllt sind.

85. Gehirnjogging

Im Ruhestand ist es wichtig, dass Sie Ihr Gehirn wach und aktiv halten. Nehmen Sie vor allem auch Vitamine und Mineralstoffe zu sich, die für das zentrale Nervensystem und das Gehirn wichtig sind. Auch Nüsse und Trockenobst sind gut für das Gehirn. Spielen Sie mit den Enkeln Memory, lösen Sie Kreuzworträtsel und andere Denksportaufgaben. Es gibt auch Bücher für Gehirnjogging und auch im Internet finden Sie ausreichend Material um das Gehirn auf Trab zu bringen. Selbst für Spielkonsolen werden Spiele zum Gehirnjogging angeboten – diese können Sie alleine, mit den Kindern, Enkeln oder auch mit dem Partner spielen.

86. Riesen Puzzle legen

Auch ein Puzzle regt das Gehirn an und gleichzeitig üben Sie Konzentration und Geduld. Suchen Sie sich riesige Motive mit vielen Teilen, die Ihnen gut gefallen. Sie können das Puzzle später auf Karton aufkleben, versiegeln, rahmen und in der Wohnung als Bild aufhängen.

87. In der Bücherei arbeiten

In vielen Büchereien werden freiwillige Mitarbeiter gesucht. Hier kommen Sie mit vielen Menschen in Kontakt und haben auch Zeit, immer wieder durch die neueste Literatur zu stöbern und die besten Romane zu lesen.

88. Den Seniorenausweis beantragen

Vielleicht haben Sie damit noch immer ein wenig gewartet, weil es für Sie etwas Endgültiges ausgedrückt hat. Doch zögern Sie nicht länger. Mit diesem Ausweis können Sie von so vielen Vorteilen und Ermäßigungen profitieren. Mit dem Ausweis erhalten Sie in fast allen Museen weltweit ermäßigten Eintritt. Auch bei vielen anderen Sehenswürdigkeiten, im Zoo, im Schwimmbad und sogar bei vielen Kursen und Schulungen bezahlen Sie mit dem Seniorenausweis einen vergünstigten Preis. Das gesparte Geld können Sie viel besser für andere tolle Dinge einsetzen.

89. Den Gesundheits-Check machen

Sie sind gesund und fühlen sich gut, und so soll es auch bleiben. Daher ist es wichtig, dass Sie sich immer wieder ordentlich durchchecken lassen. Vergessen Sie auch nicht, die Zähne und die Augen zu kontrollieren. Gerade wenn Sie viel reisen, ist es wichtig, dass Sie immer fit sind und nicht im Ausland einen Arzt benötigen. Lassen Sie auch Ihr Blut regelmäßig kontrollieren, damit Sie wissen, ob Sie Vitamine oder Mineralstoffe ergänzen oder Ihre Ernährung optimieren müssen. Vergessen Sie nie, die Gesundheit ist unser höchstes Gut.

90. Starten Sie auf eine Kreuzfahrt

Kreuzfahrten sind toll, da Sie so gleich mehrere Destinationen während einer Reise erkunden können. Zudem gibt es zahlreiche Themenkreuzfahrten, die speziell auf die Bedürfnisse von Rentnern zugeschnitten sind. Falls Sie alleinstehend sind, können Sie eine Kreuzfahrt für pensionierte Singles unternehmen. Es gibt sogenannte Fan Kreuzfahrten mit beliebten Sängern und Bands, Gourmet Kreuzfahrten oder auch Kreuzfahrten mit besonderem Unterhaltungsangebot.

91. Einen Familienurlaub planen

Wie schön wäre es, einen richtigen Familienurlaub mit Kind und Kegel zu unternehmen. Suchen Sie nach einem Urlaubsziel, das perfekt für alle Generationen geeignet ist. Oft bieten sich hier All Inclusive Clubs an. Hier wird Entertainment für die Kleinsten, Teenager und Erwachsene in allen Altersgruppen angeboten. Zudem ist die gesamte Verpflegung bereits inkludiert, was bei Kindern ein enormer Vorteil ist. Die Erwachsenen treffen sich zum Sport, zum 5-Uhr-Tee und zur Cocktailstunde und genießen auch einmal eine kinderfreie Zeit, da der Nachwuchs im Club perfekt betreut wird. Sie können aber auch ein Haus in der Toskana oder eine Finca in Spanien mieten, wichtig ist nur, dass endlich wieder einmal die ganze Familie zusammen die Zeit verbringt.

92. Ein Fernstudium absolvieren

Falls Sie dafür erst die Matura oder das Abitur nachholen müssen, auch das lässt sich bequem via Fernstudium erledigen. Sie können auch eine Studium-Berechtigungsprüfung ablegen und schon kann es mit dem Studium losgehen. Sie können nun alles studieren, was Sie nur möchten. Ob Mathematik, Psychologie, Germanistik oder Geschichte, dieses Studium machen Sie alleine für sich. Vielleicht hätten Sie früher gerne Kunst studiert, doch die Eltern waren dagegen und später war es wegen der Familie nicht möglich. Nun dürfen Sie das alles nachholen.

93. Unangenehme Angelegenheiten klären

Niemand spricht gerne über Krankheit und Tod. Und dennoch müssen gerade auch hier viele Aspekte geklärt werden. Machen Sie sich Gedanken um eine Patientenverfügung und wen Sie dafür einsetzen wollen. Was soll passieren, wenn Sie ein Pflegefall werden und wie und wo wollen Sie beigesetzt werden? Haben Sie dafür eine Versicherung, oder wie wird dies finanziert? Denken Sie auch daran, dass Sie eventuell Ihre Organe spenden können. Auch das muss mit einem Organspendeausweis verifiziert werden. Setzen Sie ein Testament auf und hinterlegen Sie es beim Notar oder Anwalt. Schreiben Sie Briefe, die nach Ihrem Ableben an die Liebsten ausgehändigt werden sollen. Sprechen Sie auch mit Ihrem Partner und mit der Familie über den Fall der Fälle. Genauso wie Geburt gehört auch der Tod zum Leben dazu.

94. Im Repair-Shop mithelfen

In einem Repair-Shop arbeiten alle ehrenamtlich. Hier kann jeder seine kaputten Elektrogeräte, Musikinstrumente, Kleider oder Schmuck abgeben und jener, der dafür spezialisiert ist, kümmert sich um die Reparatur. Falls Sie besonders gut nähen können, einen elektronischen oder technischen Beruf hatten oder im Handwerken sehr gut sind, dann können Sie dort Ihre Kenntnisse anbieten. Hier geht es darum, dass alles so günstig als möglich wieder hergestellt wird. Repair-Shops unterstützen die Nachhaltigkeit und den Schutz der Ressourcen. Zudem lernen Sie dort neue Leute kennen und können sich zudem eventuell auch neue Fähigkeiten aneignen.

95. Ein Cousin-Treffen organisieren

Oft sind Cousins und Cousinen auf der ganzen Welt verstreut. Organisieren Sie ein Treffen. Wahrscheinlich werden Sie einige zuerst ausforschen müssen. Doch gerade das ist das Spannende. Sie können auch ein Ritual einführen, dass sich die gesamte, weitläufige Familie einmal pro Jahr zu einer Veranstaltung trifft. Die Familie sollte sich nie ganz aus den Augen verlieren. Egal wo sich Ihre Verwandten auch aufhalten, vergessen Sie nicht, mit den neuen Medien kann man ganz wunderbar und kostenlos in Kontakt bleiben.

96. Mit jemandem versöhnen

Gibt es jemanden in Ihrem Umfeld, mit dem Sie bereits seit vielleicht Jahren zerstritten sind? Egal ob Familie, Freunde, Bekannte oder Arbeitskollegen, denken Sie nach. Es kann häufig auch durch ein Missverständnis dazu gekommen sein, dass der Kontakt abgebrochen ist. Geben Sie sich einen Ruck und machen Sie den ersten Schritt. Es tut gut, sich wieder zu versöhnen. Auch wenn Sie vergeben müssen, dann tun Sie sich selbst etwas Gutes. Sie werfen Ballast ab und zeigen Größe.

97. Auf den Fußballplatz gehen

Musste Ihr Partner bis jetzt immer alleine auf den Fußballplatz? Begleiten Sie ihn doch einfach einmal. Wer weiß, eventuell gefällt Ihnen ja dort die Atmosphäre. Egal ob zu einem Kreisligaspiel oder zu einem Spiel der großen Mannschaften, geben Sie Fußball einfach eine Chance. Sie können aber auch andere Matches besuchen. Wie wäre es mit Eishockey oder American Football. Auch ein Tennismatch kann spannen sein, wenn Sie es live verfolgen.

98. Eine Naturapotheke anlegen

In der Natur finden Sie so viele Kräuter, die gegen sämtliche Krankheiten verwendet werden können. Sie müssen nur hinaus auf die Wiesen und in den Wald und können dort alles finden, das Sie für Ihre Naturapotheke benötigen. Ob Brennnessel zum Entwässern und Entgiften, Spitzwegerich und Tannenwipfel gegen Husten, Breitwegerich gegen Insektenstiche, Salbei gegen Entzündungen und Pfefferminze für Magen - und Darm, Sie sammeln die Kräuter, trocknen oder verarbeiten diese und haben immer das passende

Medikament aus der Natur zu Hause. Dieses Thema ist absolut spannen und Sie finden dazu zahlreiche Literatur und auch Hilfe aus dem Internet. Legen Sie sich auch ein kleines Buch zu Ihrer Naturapotheke an, die Sie den nächsten Generationen übergeben können.

99. House switching – Haustausch

Im Internet gibt es viele Plattformen, auf welchen Sie sich zum House switching anmelden können. Suchen Sie ebenfalls unter House Exchange oder House Swap und Sie werden eine breite Auswahl finden. Hier melden sich alle an, die Ihr Haus zum Tauschen anbieten wollen. Das heißt, Sie tauschen mit einer Familie aus Amerika und für einen vereinbarten Zeitraum lebt diese Familie nun in Ihrem Haus, während Sie in Amerika daheim sind. Diese House Swaps sind auf der gesamten Welt verfügbar und eine super und günstige Möglichkeit, um die ganze Welt kennenzulernen. Wenn Sie ein gemütliches und persönliches Ambiente für den Aufenthalt im Ausland lieben, dann ist dies sicher eine super Möglichkeit.

100. Laster loswerden

Überlegen Sie, welches Laster Sie haben, das Sie schon lange stört. Ist es das Glas Bier zu viel am Wochenende, die Tafel Schokolade oder die Packung Chips, die jeden Tag vor dem Fernseher vernichtet werden oder die Zigaretten - Sie können nun den neuen Lebensabschnitt dazu nutzen, mit dem einen oder anderen Laster Schluss zu machen. Sie müssen es aber auch wirklich wollen. Wenn Sie das vermeintliche Laster lieben, dann bleiben Sie auch dabei. Nur weil andere sagen: "In deinem Alter könntest du ruhig zu rauchen aufhören", müssen Sie es nicht machen. Jeder weiß, was gesund und ungesund ist, die Entscheidung bleibt aber letztendlich jedem selbst überlassen.

101. Für Obdachlose kochen

Gibt es bei Ihnen in der Stadt Obdachlose? Vielleicht befindet sich in der Nähe sogar eine Unterkunft für Obdachlose. Dort können Sie anfragen, ob Sie nicht ab und an für die Menschen dort kochen oder backen können. Meist wird dies gerne angenommen. Wenn Sie aber am Bahnhof oder an anderen spezifischen Orten wissen, dass dort Menschen leben, können Sie diese direkt mit Essen oder Kuchen überraschen. An kalten Tagen freuen sich diese über eine heiße Suppe oder eine Thermoskanne mit heißem Tee oder Kaffee. Viele der Obdachlosen haben auch Hunde. Sie freuen sich auch garantiert, wenn Sie etwas Trockenfutter mitbringen. Die Hunde sind oft die einzigen wahren Freunde, welche diese Menschen haben.

102. Religionen erkunden

Sind Sie ein gläubiger Mensch und gehören Sie einer speziellen Religion an? Dennoch dürfen Sie sich für andere Religionen interessieren. Gehen Sie doch einmal in einen katholischen oder evangelischen Gottesdienst oder nehmen Sie an einer Gospelmesse teil. Besuchen Sie einen buddhistischen oder hinduistischen Tempel und schnuppern Sie in die Hare-Krishna-Bewegung hinein. Sie können den Koran lesen oder sich mit der Tanach oder Tora auseinandersetzen. Sie müssen nicht die Religion wechseln oder plötzlich gläubig werden, es geht dabei einfach darum, offen und aufgeschlossen zu sein.

103. Setzen Sie sich für Minderheiten ein

Diversity ist ein Schlagwort, das gerade in aller Munde ist. Jeder propagiert Diversity und viele wechseln auf den sozialen Netzwerken das Profilbild und tausche es durch Hintergründe mit Regenbögen aus. Doch so richtig einsetzen für die LGBTQ Community, das machen die wenigsten. Gehen Sie bei Protestmärschen und Demos mit und helfen Sie, Flugblätter verteilen oder fragen Sie, wie Sie sich dafür einsetzen können. Sie können natürlich für sämtliche Minderheiten einstehen. Alle freuen sich über Unterstützung. Egal ob die Black live matters Bewegung, Mobbingopfer oder ehemalige Sinti und Roma, alle Minderheiten sind es wert, unterstützt zu werden.

104. Eine Patenschaft übernehmen

Übernehmen Sie die Patenschaft für ein Tier aus dem Tierheim, das nicht vermittelt werden kann, für einen Vierbeiner im Zoo, für einen Elefanten in einem thailändischen Camp oder für ein Kind aus einem Waisenhaus in Kambodscha, Vietnam oder Kenia. Sie können sich hier natürlich finanziell einbringen, aber auch persönlichen Kontakt suchen. Tiere dürfen besucht werden und von Patenkindern erhalten Sie meist regelmäßig Briefe. Sie können Ihrem Patenkind auch persönliche Pakete schicken und während eines Urlaubs auch immer wieder besuchen.

105. Die eigene Wohnung für Couch Surfer

Couch Surfer sind Urlaubsgäste, die über die gleichnamige Plattform einen Platz zum Schlafen suchen. Sie müssen hier kein komplettes Gästezimmer anbieten, es reicht tatsächlich auch das Sofa im Wohnzimmer. Couch Surfer bleiben zwischen einem und zehn Tagen und übernachten kostenlos bei Ihnen. Sie müssen sich nicht um die Gäste kümmern, viele aber nutzen diesen interkulturellen Austausch und kochen zusammen oder zeigen dem Gast die Gegend. Couch Surfer bezahlen nichts, sondern wohnen kostenlos bei Ihnen. Sie können sich jederzeit auf der Seite im Internet für Couch Surfer als Gastgeber registrieren, aber Couch Surfing auch selbst nutzen. Als Gastgeber lernen Sie Menschen jeder Altersgruppe aus aller Welt kennen.

106. Fremde zum Essen einladen

In Ihrer Kochgruppe oder einem Forum oder einer anderen Gruppe in den sozialen Netzwerken können Sie Fremde zum Essen einladen. Das läuft meist so ab, dass Sie an einem bestimmten Tag, zu einer bestimmten Uhrzeit vielleicht fünf freie Plätze für ein Menü anbieten. Die Gäste müssen sich verbindlich anmelden. Oft wird ein Unkostenbeitrag verlangt, das müssen Sie jedoch selbst entscheiden. Ziel ist es, neue Leute kennenzulernen, gute Gespräche zu führen und einfach eine nette Zeit zu verbringen.

107. Ein Dankbarkeitstagebuch schreiben

Besorgen Sie sich ein schönes Tagebuch oder einen eleganten Notizblock. Schreiben Sie nun immer alles auf, wofür Sie dankbar sind. Vervollständigen Sie das Tagebuch täglich oder wöchentlich oder notieren Sie immer dann etwas, sobald Sie dafür besonders dankbar sind. Sie können es sich auch zum Ritual machen, jeden Abend eine Sache aufzuschreiben, wofür Sie an diesem Tag besonders dankbar sind. Das können unterschiedliche Dinge sein, es kann sich auch immer wiederholen - hören Sie einfach auf Ihr Herz.

108. Eine To-do-Kiste anlegen

Bereiten Sie sich eine Schachtel mit Deckel oder ein großes Goldfischglas und kleine Zettelchen vor. Auf jeden Zettel schreiben Sie nun eine Aufgabe, die Sie unbedingt umsetzen wollen. Kleiderschrank ausmisten, Bücherregal sortieren, Sport machen, gesund kochen, schwimmen gehen, meditieren, Yoga machen und vieles mehr. Versuchen Sie 365 Zettelchen zu beschriften, dann haben Sie für jeden Tag eine Aufgabe, die Sie ausführen wollen oder sollen.

109. Was ist Kryptowährung?

Haben Sie schon einmal etwas vom Bitcoin gehört? Wenn nein, dann informieren Sie sich über Bitcoin und alternativen, virtuellen Währungen. Dies kann eine spannende Möglichkeit sein, Geld zu investieren. Denken Sie aber immer daran, dass Sie dabei wie auch mit Aktien sowohl gewinnen als auch verlieren können.

110. Beziehungen abschließen

Sie sind an einem Punkt im Leben, an dem Sie nicht mehr alles hinnehmen müssen. Wenn Sie jemand permanent enttäuscht oder ausnützt, dann müssen Sie diesen Menschen nicht mehr länger in Ihrem Leben behalten. Manche Bekannte sind wahre Energiefresser. Trennen Sie sich von diesen, wenn das Zusammensein mit diesen Personen zu anstrengen und nervenaufreibend ist. Früher mussten Sie sich vielleicht mit unangenehmen Personen arrangieren, weil es Arbeitskollegen oder Kunden waren. Nun aber können Sie entscheiden, wem Sie Ihre kostbare Zeit schenken.

111. Lebensmittel retten

Es gibt Plattformen und Apps, auf welchen Sie für kleines Geld oder gratis Lebensmittel retten können. Sie könnten es auch mit Containern versuchen. Schließen Sie sich einmal einer Community an und erleben Sie hautnah, wie diese Menschen Lebensmittel retten. Aus diesen Lebensmitteln können Sie nun köstliche Dinge zaubern. Machen Sie daraus Marmelade, kochen Sie etwas ein, backen Sie Brot oder Kuchen und spenden Sie diese Gerichte an eine Einrichtung. Natürlich können Sie auch selbst diese zubereiteten Mahlzeiten essen und durch gerettetes, günstiges Obst, Gemüse und mehr die eigenen Lebenserhaltungskosten senken. Sie werden erstaunt sein, wie viel Geld sich damit monatlich sparen lässt. Zudem tun Sie damit Gutes im Zuge der Nachhaltigkeit.

112. Nahrungsmittel aus der Natur verwenden

Brennnessel lassen sich zu Spinat verarbeiten, aus Holunder können Sie Desserts, Marmelade, Sirup und Kompott machen, Beeren und Pilze finden Sie im Wald und können daraus köstliche Gerichte zubereiten und diese auch für den Winter einfrieren. Aus Löwenzahn lässt sich toller Honig herstellen und aus Kapuzinerkresse, Gänseblümchen und Löwenzahn zaubern Sie einen schmackhaften Salat. Nutzen Sie die kostenlosen Produkte, die Ihnen die Natur schenkt. Im Internet und in Ratgebern finden Sie noch viel mehr Möglichkeiten, um die Schätze der Natur zu verarbeiten.

113. Schwimmen gehen

Schwimmen ist gesund, macht Spaß und Sie können es sowohl im Sommer als auch im Winter betreiben. Schwimmen ist ein Sport, der auch möglich ist, wenn Sie Probleme mit den Knien, den Gelenken oder mit dem Rücken haben. Besorgen Sie sich doch für das Freibad oder Hallenbad eine Saisonkarte. Das Gute am Ruhestand ist, Sie können auch unter der Woche vormittags im Freibad sein, wenn es dort bedeutend ruhiger ist.

114. Eislaufen lernen

Das ist eine Sportart, die viele noch nie gemacht habe. Dabei macht eislaufen wirklich Spaß. Auch wenn Sie noch nie eislaufen waren, versuchen Sie es. Vielleicht waren Sie auch seit der Kindheit nicht mehr eislaufen, einfach, weil Sie nie mehr daran gedacht haben. Schreiben Sie es sich ganz groß auf die To-do-Liste – genauso wie Rollschuh fahren.

115. E-Mail-Freunde suchen

In Ihrer Jugend war es sehr populär, Brieffreunde zu haben. Das war auch richtig toll und es war das schönste, wenn einmal im Monat ein Brief vom anderen Ende der Welt eingetrudelt ist. Heute geht das viel schneller, denn man kommuniziert via E-Mail. Im Internet gibt es Plattformen, wo Sie E-Mail-Freunde aus aller Welt finden können. Wenn Sie dennoch den traditionelle Weg lieben, dann finden Sie im Internet auch Brieffreunde. Oder Sie versuchen, Ihre alten Brieffreunde ausfindig zu machen und lassen diese Brieffreundschaft wieder aufleben.

116. Eine eigene Facebook Gruppe gründen

Eine Facebook Gruppe ist ein mehr oder weniger kleiner Raum, in dem Sie sich mit Gleichgesinnten austauschen können. Vielleicht möchten Sie ja eine Rentnergruppe gründen oder Sie suchen Gleichgesinnte zu anderen Themen. Sie haben die Möglichkeit, diese Gruppe geheim zu machen. Das bedeutet, dass nur Eingeladene der Gruppe beitreten können und niemand, der nicht in der Gruppe ist kann mitlesen, was dort besprochen wird.

117. Podcasts und YouTube-Videos entdecken

Podcasts sind Interviews oder Reportagen, die Sie im Internet finden. Viele Stars veröffentlichen Podcasts und geben ihre geistigen Ergüsse zum Besten. Es gibt wirklich viele Podcasts zu allen nur erdenklichen Themen. Es ist informativ, lustig und spannend und ein netter Zeitvertreib. Gerade wenn Sie gemütlich im Garten in der Hängematte liegen, können Sie nebenbei einem Podcast lauschen.

Auf YouTube finden Sie tolle Videos zu allen nur möglichen Themen. Es werden vegane Kochkurse angeboten, Sportvideos veröffentlicht oder lustige Videos gedreht, die nur dazu dienen, zu unterhalten. YouTube und Podcasts sind ein kurzweiliger Zeitvertreib.

118. Hörbücher anhören

Wenn Sie nicht gerne lesen, aber dennoch Geschichten lieben, dann sind Hörbücher geradezu perfekt. Beinahe alle Bücher werden mittlerweile auch als Hörbuch veröffentlicht. Es gibt Apps und Plattformen für kostenlose Hörbücher. Sie können diese aber auch bei Amazon und Co für kleines Geld kaufen. Wenn Sie früher als Kind Kassetten und Platten mit Hörspielen geliebt haben, dann werden Sie auch heute von Hörbüchern begeistert sein. Gerade wenn Sie lange mit dem Zug unterwegs sind, dann sind Hörbücher eine wirklich tolle Sache.

119. Alte Platten sortieren

Haben Sie im Keller oder am Dachboden auch noch stapelweise Schallplatten? Besitzen Sie noch einen Plattenspieler? Nutzen Sie die Platten noch? Sortieren Sie diese nun endlich aus und überlegen Sie, ob Sie diese noch behalten möchten. Vielleicht wollen Sie auch in einen Plattenspieler investieren. Diese werden heute wieder gebaut und auch auf Flohmärkten finden Sie Plattenspieler für kleines Geld. Sie können die Platten aber auch online, auf dem Flohmarkt oder auf speziellen Platten-Börsen verkaufen. Manche alte Platten haben mittlerweile sogar einen ordentlichen Wert. Recherchieren Sie vor dem Verkauf, damit Sie die Platten nicht unter ihrem Wert verscherbeln.

120. Einen Escape Room besuchen

Escape Rooms sind die neuen Highlights für sogenannte Mikro Abenteuer. Dabei handelt es sich um spezielle Arten von Schnitzeljagd gepaart mit Labyrinth und Rätselspaß. Mit einigen Personen sind Sie in einem Raum eingeschlossen und müssen hier Aufgaben erfüllen. Dadurch erhalten Sie weitere Hinweise, die Sie näher zur Lösung und zum Ausgang bringen. In vielen großen Städten gibt es mittlerweile Escape Rooms. Diese sind ein Spaß für die Familie oder eigenen sich auch als Erlebnis mit Freunden.

121. Dinner in the Dark

Beim Dinner in the Dark gehen Sie in ein Restaurant, in welchem es so dunkel ist, dass Sie absolut nichts sehen. Es wird meist ein Überraschungsmenü serviert und Sie wissen nicht, was Sie zum Essen bekommen. Natürlich können Sie eventuelle Vorlieben oder Allergien angeben. Keine Angst also, wenn Sie vegan leben oder eine Glutenallergie haben. Beim Dinner in the Dark fokussieren Sie sich rein auf Ihre Sinne und erleben das Essen auf eine Art und Weise, wie Sie es noch nie genossen haben. In vielen Dark Restaurants werden die Speisen auch von blinden Kellnern serviert.

122. Ein Themen Dinner buchen

Es werden Krimi Dinners, Musik und Dinner, Show und Dinner und vieles mehr angeboten. Ob Candle light Dinner oder vieles mehr, im Internet finden Sie zahlreiche Anregungen, und wo diese veranstaltet werden. Suchen Sie unter dem Begriff Erlebnisdinner oder Themen Dinner. Dinner in the Sky, Draculadinner, Gruseldinner, Flug und Dinner, Märchendinner, Schlagerdinner und Westerndinner sind nur einige der Möglichkeiten, die Sie hier haben.

123. Eine Westernstadt oder Indianerdorf besuchen

In vielen Ländern gibt es einige Westerndörfer oder Indianerdörfer. Hier werden Sie in den Wilden Westen entführt. Es gibt Saloons, den Sheriff, Bankräuber und Cowboys und Sie sind mitten drin. Hier sind meist alle passend verkleidet und Sie starten auf eine perfekte Zeitreise. Lassen Sie auch Fotos im typischen Westernoutfit machen und vielleicht haben Sie ja Lust, in einem Tipi zu übernachten. Natürlich sollten Sie dann auch zuvor am Abend noch ordentlich im Saloon mit Tanz und Musik feiern.

124. Auf Sommerfeste gehen

Bereits im Mai beginnen die Sommerfeste und bis in den Herbst können Sie an jedem Wochenende ein Festzelt oder Sommerfest besuchen. Hier spielen meist Bands und die Stimmung ist ausgelassen. Es gibt Gegrilltes und man trinkt die eine oder andere Maß Bier. Schunkeln und feiern Sie mit Freunden durch den Sommer, Sie können ja am nächsten Tag ausschlafen, denn es wartet keine Arbeit und auch die Hausarbeit läuft nicht davon.

125. Zeichnen und malen beginnen

Entdecken Sie Ihr künstlerisches Talent. Kreide und Pastell, Aquarell, Bleistift oder Ölfarben, experimentieren Sie und finden Sie den eigenen Stil. Sie können auch mit Malen nach Zahlen beginnen. Hier malen Sie nach Anweisung und Nummerierung bekannte Kunstwerke und schöne Motive nach. In den Sets sind immer eine Übungsskizze, eine Leinwand und exakt die Farben enthalten, die Sie benötigen. Sie können auch mit der Staffelei und Farben hinaus in die Natur und hier tolle Motive einfangen. Vielleicht haben Sie auch Lust, einen Akt vom Partner zu zeichnen. Die Möglichkeiten sind schier unendlich.

126. Auf einem Hausboot übernachten

Hausboote sind wieder eine ganz eigene Sache. Hier erleben Sie Privatsphäre pur und es ist ein ganz besonderer Flair, auf dem Wasser dahin zu schippern. Starten Sie aber mit einer kurzen Übernachtung, um herauszufinden, wie Sie sich auf dem Wasser fühlen. Nicht allen geht es auf dem Wasser mit dem leichten Schunkeln und Schwanken gut.

127. Schifahren oder Snowboarden lernen

Machen Sie sich auf ins Wintersportgebiet. Nehmen Sie sich einen Ski- oder Snowboardlehrer und machen Sie ihre ersten Schwünge auf den schneebedeckten Hängen. Es ist nie zu spät, etwas Neues zu beginnen. Wenn es gar nicht klappen will, können Sie immer noch rodeln gehen oder die Sonne auf der Almhütte genießen. Und nach einem Tag im Schnee ist ein Besuch in der Sauna einfach himmlisch.

128. SUP – Stand-up Paddeling

Diese neue Trend-Sportart sollten Sie auch nicht an sich vorüberziehen lassen. Es ist eine tolle Übung für Balance, Körperspannung und Gleichgewicht. Wenn Sie keine Lust mehr auf Paddeln haben, können Sie es sich auch auf dem Board gemütlich machen und sich ein wenig sonnen lassen. Sonnencreme nicht vergessen!

129. Naturkosmetik selbst herstellen

Naturkosmetik liegt voll im Trend und es gibt sie überall zu kaufen. Noch besser aber ist es, wenn Sie diese selbst herstellen. So wissen Sie genau, was enthalten ist und können auf Ihre eigenen Bedürfnisse eingehen. Kamille, Arnika, Hanf und Lavendel lassen sich super zu Cremen verarbeiten. Zaubern Sie eigene Seifen, Gesichtswasser, Deos und Shampoos.

130. Im Refill Shop einkaufen

Diese Shops heißen auch Unverpackt Läden. Dort bekommen Sie alle Produkte ohne Umverpackung und Sie können Plastik und Karton sparen. Sie gehen dort mit Ihren eigenen Behältern und Gläsern einkaufen. Egal ob Bohnen, Reis, Milch oder Nüsse-- einfach alles wird unverpackt verkauft und dann aufs Gramm genau abgerechnet. Das hat auch den Vorteil, dass Sie genau die Mengen kaufen können, die Sie auch wirklich benötigen.

131. Waschmittel und Co. selbst herstellen

Wenn Sie bereits auf dem Weg zu mehr Nachhaltigkeit sind, dann sollten Sie auch überlegen, Waschmittel und Reinigungsmittel selbst herzustellen. Dies hat nicht nur den Vorteil, dass Sie für den Körper und die Gesundheit, sondern auch für die Umwelt absolut unbedenklich sind. Zudem sparen Sie damit einiges an Geld und Sie können Ihre Produkte nach eigenem Geschmack gestalten. Mit ätherischen Ölen verleihen Sie Waschmittel, Reinigungsmittel und Co genau den Duft, den Sie sich wünschen. Suchen Sie nach Waschnüssen und finden Sie im Internet viele Anleitungen, wie Sie aus herkömmlichen Zutaten Waschmittel und Reinigungsmittel zubereiten können.

132. Eine Teesammlung anlegen

Tee ist toll und es gibt ihn in unzähligen Varianten. Für viele Beschwerden gibt es den passenden Tee, aber auch für die unterschiedlichsten Anlässe, Stimmungen und Tageszeiten gibt es den richtigen Tee. Kräutertees, diverse Schwarz- und Grüntees, Tees aus allen Ländern der Welt – hier haben Sie so viele Möglichkeiten. Tee zu sammeln ist nicht nur ein spannendes Hobby, sie haben so auch immer ein köstliches und stilvolles Getränk, das Sie Ihren Besuchern anbieten können.

133. Help Exchange – der Austausch von Dienstleistungen

Es gibt diverse Plattformen für den Austausch von Dienstleistungen, auf welchen Sie sich registrieren können. Sind Sie gut im Nähen oder besonders geschickt beim Ausmalen von Häusern? Können sie Bäume beschneiden oder arbeiten Sie gerne im Garten? Sie können hier Babysitting oder einkaufen anbieten oder sich als Hunde Nanny oder zum Blumen gießen anpreisen. Für alle Tätigkeiten bekommen Sie Punkte, die Sie über die Plattform wieder für andere Dienstleistungen eintauschen können. So kochen Sie zum Beispiel für jemanden und jemand anderer kommt und repariert Ihre Waschmaschine. Durch dieses System müssen die Dienstleistungen nicht zwischen zwei Personen ausgetauscht werden.

134. Kindern oder alten Menschen vorlesen

Gehen Sie ins Krankenhaus oder das Altenheim und lesen Sie dort den Kindern oder alten Menschen vor. Viele sind einsam und/oder traurig und freuen sich über jede Art von Zuwendung und Abwechslung. Vor allem kleinen Kindern können Sie so die Angst vorm Krankenhaus nehmen und alten Menschen geben Sie das Gefühl, dass sie nicht alleine sind.

135. In einer Modelagentur bewerben

Viele Modelagenturen suchen Models, die mitten aus dem Leben kommen. Wenn es Ihnen Spaß macht, vor der Kamera zu stehen, dann ist dies sicher ein netter Zeitvertreib. Sie lernen neue Menschen kennen und auch einen neuen Lifestyle. Zudem können Sie mit dem Modeln auch Ihre Rente aufbessern und damit wieder zu tollen Unternehmungen starten.

136. Die Route 66 fahren

Begeben Sie sich auf große Fahrt von Chicago nach Santa Monica. Sie können die Strecke mit dem Motorrad, mit dem Mietauto, aber auch mit einem gemieteten Motor-Home zurücklegen. Die knapp 4.000 Kilometer könnten zu einem absolut tollen Erlebnis werden.

137. Für Vereine Kekse backen

Vereine benötigen immer Geld und finanzieren sich durch Basars und Veranstaltungen. Falls Sie Vereine nicht finanziell unterstützen wollen, können Sie Kekse oder Kuchen für diese Veranstaltungen und Basars backen. Fragen Sie einfach nach, wann die nächste Veranstaltung geplant ist und helfen Sie eventuell auch bei der Planung und Organisation mit.

138. Austauschschüler aufnehmen

In vielen Städten werden private Unterkünfte für Austauschschüler- oder Studenten gesucht. Im Internet finden Sie Plattformen, auf welchen Sie sich registrieren können. Sie könnten aber auch direkt bei der nächsten Universität nachfragen, ob Unterkünfte benötigt werden. So kommen Sie mit neuen Kulturen und einer jungen Generation in Kontakt. Für die Aufnahme der Studenten erhalten Sie meist einen kleinen Unkostenbeitrag.

139. Als Granny Au-pair nach Amerika gehen

Gerade in Amerika sind Au-pairs absolut beliebt und viele besser situierte Menschen vertrauen hier lieber den sogenannten Granny Au-pairs als den jungen Au-pairs. Registrieren Sie sich auf den Plattformen oder suchen Sie direkt im Internet nach Anzeigen. Oft werden unter Stellenanzeigen direkt Au-pairs gesucht. Sie haben so die Möglichkeit ein neues Land zu entdecken, haben Kost und Logis frei und auch der Flug wird bezahlt. Zudem erhalten Sie ein kleines Taschengeld und was noch viel wichtiger ist: Familienanschluss.

140. Bei einer Koch-Show bewerben

Sehen Sie sich auch gerne Kochsendungen im Fernsehen an? Kochen Sie gerne und gut und denken Sie sich oft, dass Sie bei diesen Shows auch gute Chancen hätten? Dann zögern Sie nicht lange, springen Sie über Ihren Schatten und bewerben Sie sich. Es kann nichts passieren, außer dass Sie eine tolle Zeit haben und im besten Fall mit einem Gewinn nach Hause gehen. Sie haben die Auswahl zwischen zahlreichen Kochshows und können hier auch gerne eine nach der anderen abklappern.

141. Bei einer Talentshow bewerben

Wenn Sie etwas besonders gut können, dann sollten Sie sich damit bei einer Talentshow bewerben. Es gibt hier einige unterschiedliche Talentshows. Ob Sie nun tolle Zaubertricks auf Lager haben, Akrobatik oder Tanz machen oder besonders gut singen können, verstecken Sie sich mit Ihrem Talent nicht länger. Garantiert macht es Spaß, einmal hinter die Kulissen dieser Talentshows zu blicken.

142. Ein Biotop oder Aquarium anlegen

Wenn Sie einen Garten haben, dann legen Sie doch ein schönes Biotop an. Damit tun Sie auch der Natur etwas Gutes. Sie bieten Insekten, Vögeln und Fischen ein neues Zuhause und zugleich wird der eigene Garten optisch aufgewertet. Falls Sie keinen Garten haben, können Sie ein Aquarium anlegen. Diese lassen sich besonders aufwendig gestalten. Ein Aquarium ist interessant, wirkt beruhigend und lässt sich immer wieder erweitern. Zudem können Sie Fische auch für längere Perioden alleine lassen, oder Sie finden schnell einen Nachbarn, der sich um die Fische kümmert, wenn Sie in der Weltgeschichte unterwegs sind.

143. Marmeladen einkochen

Selbst gemachte Marmeladen schmecken einfach besser als gekaufte. Bis jetzt hatten Sie vielleicht nie die Zeit, um Marmeladen selbst einzukochen. Jetzt jedoch können Sie damit beginnen. Experimentieren Sie auch ruhig mit außergewöhnlichen Zutaten und Kreationen. Chili, Ingwer und Kräuter machen sich gut in Marmeladen, oder haben Sie schon einmal eine fruchtige Tomatenmarmelade gegessen? Diese ist auf den Kanarischen Inseln sehr beliebt und ist auch einfach zu Hause schnell selbst gezaubert.

144. Liköre herstellen

Selbstgemachte Liköre schmecken toll und sind auch immer ein super Geschenk oder Mitbringsel. Nutzen Sie die neu gewonnene Zeit und stellen Sie Ihre eigenen Likörchen her. Lassen Sie sich im Internet inspirieren oder vielleicht haben Sie noch alte Rezepte Ihrer Eltern oder Großeltern.

145. Bier brauen

In den letzten Jahren hat sich dieser Trend entwickelt und viele Menschen stellen zu Hause ihr eigenes Bier her. Wenn Sie gerne Bier trinken, brauen Sie sich doch Ihre eigene Marke. Im Internet und Fachgeschäften gibt es alles, was Sie dafür benötigen.

146. Brot backen

Nun haben Sie endlich Zeit und können Ihr eigenes Brot backen. Selbst gemacht schmeckt garantiert besser als vom Discounter. Im Internet gibt es viele Foren und Gruppen, in welchen sich Hobbybäcker treffen. Hier finden Sie immer gute Tipps und Inspirationen und Sie können sich mit Gleichgesinnten austauschen.

147. Jeden Tag 10.000 Schritte gehen

Für die Gesundheit wird stets empfohlen, täglich 10.000 Schritte zu gehen. Während der Arbeit hatten Sie dazu kaum Zeit, das können Sie jetzt ändern. Zudem ist es wichtig, dass Sie im Ruhestand in Bewegung bleiben. Vielleicht genießen Sie das gute Essen jetzt viel mehr. Daher sollten Sie auch für mehr Bewegung sorgen. Tracken Sie die Schritte mit einem einfachen Schrittzähler oder besorgen Sie sich eine moderne Smart Watch, die auch viele andere tollen Optionen bietet.

148. Backpacking in Asien

Backpacking, also das Reisen mit dem Rucksack und abseits der touristischen Pfade, ist nicht nur unter Jugendlichen sehr beliebt. Schnappen Sie sich einen Rucksack und buchen Sie ein Ticket nach Bangkok, alles andere wird sich vor Ort zeigen. Erkunden Sie Asien und entdecken Sie Länder wie Myanmar, Vietnam, Thailand, Japan, Taiwan, die Philippinen, Kambodscha und viele mehr. Nur mit dem Rucksack sind Sie unabhängig und frei und können sich bewegen, wie Sie möchten. Vielleicht treffen Sie unterwegs ja Gleichgesinnte und Sie gehen ein Stück des Weges gemeinsam.

149. Australien bereisen

Wer im Arbeitsleben steht, der schreckt meist vor großen Fernreisen zurück. Gerade Australien wird häufig auf den Ruhestand aufgeschoben, da bereits die Anreise sehr lange dauert. Die Anreise würde zu viel von den kostbaren Urlaubstagen verschlingen. Darüber müssen Sie sich jetzt keine Gedanken mehr machen. Besichtigen Sie das Opernhaus von Sydney, besuchen Sie den Uluru, den heiligen Berg, lernen Sie die Aborigines kennen und reisen Sie in Städte wie Perth, Melbourne und an die Gold Coast.

150. Neuseeland besuchen

Der Flug nach Neuseeland nimmt noch mehr Zeit in Anspruch wie die Reise nach Australien. Vielleicht kombinieren Sie ja beides. Neuseeland ist immer eine Reise wert und besticht mit einer atemberaubenden Naturkulisse. Hier können Sie an einem Tag alle vier Jahreszeiten erleben und entdecken Sie die vielleicht schönsten Orte der Welt. Informieren Sie sich über Milford Sound. Dieser wird als schönster Ort der Welt gehandelt und besticht mit Wasserfällen, Delfinen, Gebirge und Regenwald.

151. Skurrile Urlaube buchen

Sehr skurril ist garantiert ein Urlaub in Nord-Korea. Bei vielen ist dieses Land ein blinder Fleck auf der Landkarte. Dennoch ist es interessant, ein Land zu besuchen, das so abgeschieden von der Außenwelt ist. Über China können Sie nach Nordkorea einreisen. Sie müssen hier jedoch ein sogenanntes All inklusive Paket buchen. Auf diesem Weg aber bekommen Sie einen guten Einblick in ein Land, von dem man so wenig weiß.

152. Auf Foto-Safari nach Afrika reisen

Die Länder in Afrika sind prädestiniert für tolle Foto-Safaris. Hier tauchen Sie ein in eine farbenfrohe Fauna und Flora. Besuchen Sie Nationalparks und fotografieren Sie Löwen, Giraffen und Zebras. Besuchen Sie traditionelle Stämme wie die Himbas oder die Massai und lassen Sie sich auf den bunten Märkten verzaubern. Garantiert erleben Sie hier Momente, von denen Sie noch nicht einmal geträumt haben.

153. Line dance lernen

Line dance ist ein Tanz, der choreografiert wird. Es ist der Tanz zu amerikanischen Country Songs und wird in der Gruppe getanzt. Sie können sich den Line Tänzern somit auch ohne Partner oder Partnerin anschließen. Line dance ist nicht nur ein schöner Tanz, die Schrittfolge stimuliert auch das Gehirn und ist eine tolle Möglichkeit, um Bewegung und Gehirnjogging zu verbinden.

154. Kochkurse anderer Länder besuchen

Begeben Sie sich auch kulinarisch auf große Reise. Besuchen Sie Kochkurse und lernen Sie chinesisch, thailändisch oder mexikanisch kochen. Diese Kurse werden häufig an den Volkshochschulen, aber auch privat angeboten. Auch im Internet gibt es immer super Kurse, bei welchen Einheimische der Länder ihre Küche vorstellen und zum Nachkochen animieren. Es macht auch Spaß, immer direkt am Urlaubsort einen Kochkurs zu absolvieren. So lernen Sie die jeweilige Küche und Kultur am besten kennen.

155. Die Nordlichter sehen

Die Nordlichter sind ein Phänomen und ein absolutes Naturschauspiel. Dies sollten Sie unbedingt einmal im Leben gesehen haben. Diese Nord- oder Polarlichter sind am besten in Norwegen oder Spitzbergen zu sehen. Auch in Island haben Sie gute Chancen, die Nordlichter zu erleben. Von Ende September bis Ende März sind die tanzenden Lichter zwischen 18.00 Uhr abends und 1.00 Uhr in der Früh zu sehen.

156. In einem Eishotel übernachten

In Schweden, Lappland, Alaska, Kanada und Finnland gibt es tolle Eishotels. Diese sind wie richtige Hotels, lediglich komplett aus Eis erbaut. Es ist ein spezielles Erlebnis, in diesen Hotels zu übernachten. Wenn Sie es nicht selbst hautnah erlebt haben, so können Sie es sich nicht vorstellen, was Sie dort erwartet.

157. Minimalismus und Frugalismus leben

Nehmen Sie sich vor, eine gewisse Zeitspanne im Minimalismus oder Frugalismus zu leben. Das Experiment sollten Sie für einen gewissen Zweck durchziehen. Mit dem Geld, das Sie sich während dieser Zeit sparen, können Sie im Anschluss eine tolle Weltreise unternehmen. Lesen Sie sich zum Thema Frugalismus ein. Es ist faszinierend, welche Möglichkeiten es gibt, wirklich viel Geld zu sparen und das Leben einzuschränken, ohne großartig zu verzichten.

158. Eigene Fotos online verkaufen

Wenn Sie gerne und halbwegs gut fotografieren, dann ist dies eine gute Möglichkeit für einen kleinen Nebenverdienst. Es gibt im Internet zahlreiche Plattformen, auf welchen Sie unkompliziert Ihre Fotos hochladen können. Weltweit können diese nun gekauft werden. Reich werden Sie damit nicht werden, aber es ist auch ein schönes Gefühl zu wissen, dass die eigenen Fotos auch anderen Menschen gefallen.

159. Influencer werden

Längst ist es nicht mehr nur der Jugend vorbehalten, im Internetcontent zu teilen. Gerade viele Rentner haben nun Zeit und entdecken das Internet für sich. Nutzen Sie diesen Trend und machen Sie Videos, Blogs und Fotos zu Themen, die auch andere Rentner interessieren können. Auf diesem Weg können Sie bei YouTube, Tik Tok, Instagram oder mit der eigenen Webseite zu einem Influencer werden. Geben Sie Tipps für Freizeitgestaltung oder lassen Sie die Community mit auf Ihre Reisen gehen.

160. Bei der Telefonseelsorge mithelfen

Die Telefonseelsorge ist eine Organisation, die Leben retten kann. Viele Vereine, die telefonische Betreuung anbieten, sind auf freiwillige Mitarbeiter angewiesen. Wenn Sie gut zuhören können, empathisch sind und etwas für Menschen in Not tun möchten, können Sie bei der Telefonseelsorge mitarbeiten. Mit Ihrer Lebenserfahrung sind Sie garantiert eine Bereicherung und Sie können den einen oder anderen mit Ihren Worten unterstützen. Sie müssen dazu keine psychologische Ausbildung haben, viele Menschen wollen einfach nur reden und haben niemanden, der ihnen zuhört.

161. Als Dogsitter arbeiten

Sie wissen sicher noch, wie schwer es ist, einen langen Arbeitstag mit Hundehaltung zu verbinden. Daher suchen viele Menschen jemanden, der mit ihren Hunden spazieren geht, während sie selbst auf Arbeit sind. Sie können hierfür Anzeigen am Schwarzen Brett im Supermarkt aufgeben oder sich im Internet auf Plattformen registrieren. Vielleicht finden Sie auch im erweiterten Bekanntenkreis jemanden, der erleichtert ist, wenn Sie diese Dienstleistung anbieten.

162. Breathe in and out – Atemübungen machen

Atmen ist etwas Normales und meist machen wir uns gar keine Gedanken darum. Doch mit der richtigen Atemtechnik können Sie sehr viel Gutes für Ihren Körper tun. Sie können damit

Verspannungen lösen, Ihre Stimmung aufhellen und Schmerzen vertreiben. Nehmen Sie sich täglich ein paar Minuten Zeit, um tief in den Bauch hinein zu atmen. Stellen Sie sich dafür gerade hin und legen Sie die Handfläche auf Ihren Bauch. Nun atmen Sie tief in den Bauch ein. Der Bauch muss sich deutlich heben. Beim Ausatmen zieht sich der Bauch wieder zurück.

163. Einen Bonsai hegen und pflegen

Ein Bonsai ist ein kleiner Baum, der speziell behandelt und bearbeitet wird, damit er immer in seiner Miniatur-Form bleibt. Es handelt sich hier um eine alte japanische Kunst. Mit viel Geschick, Drähten und dem richtigen Einsatz von Schere und Zwicke entstehen hier kunstvolle Gebilde. Bonsais sind auch in jeder Wohnung ein toller Blickfang.

164. Pralinen, Schokolade und Eiskonfekt

Schokolade macht glücklich und beinahe jeder nascht gerne. Selbst gemachte Schokolade und Pralinen schmecken zudem viel besser. Vielleicht können Sie sich noch erinnern, wie Ihre Großmutter Eiskonfekt hergestellt hat. Vielleicht finden Sie dazu sogar noch ein Rezept. Aus hochwertigen Nüssen, getrockneten Früchten, Gewürzen und Aromen können Sie Ihre eigenen Pralinen und Schokolade machen. Garantiert freut sich jeder, dem sie eine selbst gemachte Schokolade mitbringen.

165. Eis selber machen

Stellen Sie Ihre eigenen Eiskreationen her. So wissen Sie ganz genau, was in Ihrem Eis enthalten ist und Sie zaubern Eis ganz ohne Konservierungsmittel und Geschmacksverstärker. Auch können Sie so zuckerfreies, gesundes Eis herstellen oder sogar veganes Eis zaubern. Sie brauchen dafür nicht einmal eine Eismaschine. Tolle Rezepte zum Eismachen finden Sie in Büchern oder auch kostenlos im Internet.

166. Einen Handwerker Kurs besuchen

Jetzt haben Sie Zeit, Ihre Kenntnisse im Heimwerken und Handwerken auszubauen. Vielleicht haben Sie es satt, dass Sie für sämtliche kleinste Reparaturen einen Handwerker organisieren müssen. Vieles lässt sich schnell und einfach lernen und in Zukunft sind Sie nicht mehr von Handwerkern abhängig.

167. Serien ansehen

Jetzt haben Sie Zeit für Binge watching. Legen Sie einen Tag ein und sehen Sie sich auf einem Streaming Portal eine komplette Serie an. Vielleicht haben Sie in Ihrer Jugend eine Serie sehr geliebt, die jedoch nie wieder im TV gezeigt wurde. Vielleicht können Sie diese im Internet finden. Machen Sie eine Zeitreise und sehen Sie sich diese Serie Ihrer Jugend endlich wieder an. Das gilt natürlich auch für Filme, die Sie endlich wieder einmal sehen möchten.

168. Origami lernen

Origami ist die Kunst, aus Papier außergewöhnliche Figuren zu falten. Origami stammt aus Japan und hat dort heute noch große Tradition. Besorgen Sie sich ein Buch mit Anleitungen oder finden Sie diese im Internet. Mit etwas Geschick und flinken Fingern zaubern Sie aus einem einfachen Stück Papier bald Kraniche, Dinosaurier, kunstvolle Blumen, Fische, Frösche und vieles mehr.

169. Tarot Karten legen

Tarot Karten strahlen einen besonderen Zauber und eine Magie aus. Besorgen Sie sich Tarot Karten und lesen Sie sich zu dem Thema ein. Es wird gesagt, dass diese 78 Karten die Zukunft und das Schicksal vorhersagen können. Sie müssen die Sache auch nicht bierernst nehmen, dennoch verzaubert die Magie dieser Karten und es gibt zahlreiche unterschiedliche Decks mit kunstvollen Bildern. Auch auf Flohmärkten finden Sie häufig alte Tarotkarten, die sehr kunstvoll gestaltet wurden.

170. Eine Kartenspiel-Runde gründen

Treffen Sie sich einmal pro Woche mit einigen Bekannten in einem Kaffeehaus und spielen Sie dort Bridge, Skat oder ein anderes Kartenspiel. Dabei geht es nicht nur ums Gewinnen, sondern auch um die Gesellschaft und den Austausch.

171. Den 5-Uhr-Tee zelebrieren

Laden Sie einmal pro Monat Freunde zum 5-Uhr-Tee ein. Bereiten Sie diesen nach englischem Vorbild vor: Bereiten Sie köstliche Sandwiches mit Gürkchen zu und backen Sie Scones, die Sie mit Jam und Clotted Cream servieren. Natürlich darf der perfekt gezogene Tee, serviert in feinem Porzellan oder Silber nicht fehlen.

172. Juicen und Detoxen

Tun Sie etwas für Ihre Gesundheit und legen Sie Safttage ein. Frisch gepresster Saft schmeckt nicht nur himmlisch, sondern versorgt Ihren Körper auch mit allen wichtigen Mineralstoffen und Vitaminen, die er benötigt. Durch das Juicen können Sie den Organismus entgiften und wenn Sie möchten auch das eine oder andere Kilo zu viel wieder abnehmen. Besorgen Sie sich einen guten Entsafter und füttern Sie ihn mit frischem Obst und Gemüse.

173. Jeden Tag eine gute Tat tun

Es muss nicht jeden Tag etwas Großartiges sein. Nehmen Sie sich jedoch vor, jeden Tag für einen anderen Menschen etwas Gutes zu tun. Es kann das Lächeln für den Fremden sein, durch den an diesem Tag die Sonne aufgeht, oder das Kompliment, das Sie jemandem geben. Fragen Sie einfach öfter im Alltag, ob Sie jemandem helfen können. Halten Sie anderen die Türe auf oder bücken Sie sich, wenn jemand etwas fallen gelassen hat. Diese kleinen Gesten bedeuten für Sie selbst keinen großen Aufwand, können aber für andere so wichtig und bedeutend sein.

174. Über den Vagus Nerv lernen

Der Vagus Nerv wird auch als Selbstheilungsnerv bezeichnet. Der zehnte Hirnnerv kann in Ihrem Körper sehr viel beeinflussen. Es ist interessant, über diese Möglichkeiten Bescheid zu wissen und zu lernen. Über den Vagus Nerv gibt es tolle Literatur. Besorgen Sie sich Bücher oder recherchieren Sie im Internet. Das Schöne ist, heutzutage kommen Sie kostenlos zu so vielen wertvollen Informationen.

175. Sich mit Psychologie befassen

Bei Psychologie handelt es sich um eine Wissenschaft, die sich mit dem menschlichen Verhalten befasst. Lesen Sie sich in die Materie ein. Wenn Sie sich mit Psychologie befassen, so verstehen Sie plötzlich Ihr eigenes Verhalten oder auch das Verhalten anderer besser. Zudem wird auch Ihre Menschenkenntnis verbessert, wenn Sie einen tieferen Einblick in die Psyche der Menschen haben.

176. Nein sagen lernen

Gerade weil Sie im Ruhestand sind, denken viele, dass Sie jetzt unendlich viel Zeit haben. Dadurch möchten Ihnen viele ihre eigenen Aufgaben aufbürden. Egal ob es die Kinder sind, die Sie zum Babysitten oder zum Bügeln der Wäsche einteilen oder immer anrufen, wenn etwas zu reparieren ist. Vielleicht haben Sie auch eine Bekannte, die sich tagtäglich ungebeten zu einem Stück Kuchen oder zum Essen bei Ihnen einlädt. Lernen Sie nun, Nein zu sagen. Machen Sie Ihren Mitmenschen klar, dass Sie sich nun auch gerne mehr um sich selbst kümmern wollen und Ihre Zeit kostbar ist.

Natürlich werden Sie Ihre Lieben immer gerne unterstützen, aber nicht ständig und auf keinen Fall selbstverständlich.

177. Um Hilfe bitten lernen

Es kann sein, dass es Dinge gibt, die Sie selbst nicht können oder nicht mehr können. Mit dem Alter kann es durchaus sein, dass Sie zum Beispiel nicht mehr aufs Dach klettern können, um die Regenrinne zu reinigen. Lernen Sie, hier um Hilfe zu bitten. Vielleicht ist es Ihnen unangenehm, etwas von anderen zu erbitten. Es muss Ihnen aber nicht peinlich sein. Sicher werden Ihre Freunde und die Familie gerne für Sie da sein und Sie unterstützen.

178. Übers Räuchern und Rituale lernen

Räuchern gehört zu einer alten Tradition. Vor allem an den Rauhnächten wird bereits seit Jahrhunderten geräuchert. Auch wenn das Haus eine schlechte Energie hat, hilft eine Reinigung mit Salbeirauch. Lernen Sie über diese Rituale und recherchieren Sie, welchen Weihrauch, welche Kräuter, Hölzer und Harze Sie für diese verwenden können.

179. Wünsche ans Universum senden

Auch wenn Sie in Ihrem Leben bereits viel erreicht haben und Sie glücklich sind, so wird es dennoch den einen oder anderen Wunsch geben. Schicken Sie diesen Wunsch nun ans Universum. Sagen Sie es dem Universum in Gedanken oder Worten. Schreiben Sie es auf einen Zettel und hängen Sie diesen an einen Luftballon, den Sie steigen lassen. Es gibt viele Möglichkeiten, um dem Universum Wünsche zu übermitteln.

180. Gratis Möbel abholen und renovieren

Im Internet, am Schwarzen Brett oder in regionalen Zeitungen werden oft Möbel kostenlos gegen Selbstabholung angeboten. Holen Sie sich diese Möbel ab und renovieren Sie diese. Oft sehen alte Stühle mit etwas Farbe und Lack wieder wie neu aus und auch Tische und Kästchen benötigen nur einen kleinen Anstrich. Diese Möbel können Sie nun verschenken oder verkaufen. Gemeinnützige Organisationen freuen sich über Möbelspenden und Ihre Reisekasse hat gegen ein wenig Taschengeld nichts einzuwenden.

181. Mosaik basteln

Aus Steinen, Glasscherben, Keramik, Fliesen etc. lassen sich wunderschöne Mosaike kleben. Nehmen Sie dazu eine Holzplatte und zeichnen Sie das gewünschte Motiv auf. Nun bekleben Sie das Motiv mit den kleinen Einzelteilen, bis ein schönes Mosaik entsteht. Mit bunten Steinen können Sie zum Beispiel auch in Ihrer Einfahrt oder an der Gartenmauer ein Mosaik anlegen.

182. Eco Bricks herstellen

Eco Bricks sind alternative Bausteine, die aus Müll hergestellt werden. Verwenden Sie dafür Einweg-Plastikflaschen. Diese befüllen Sie nun mit jeder Art von trockenem Restmüll. Plastik, Papier, Metall und andere Materialien stopfen Sie so fest in die Flaschen, bis diese knüppelhart werden. Aus diesen Eco Bricks lässt sich nun alles bauen, wofür Sie auch Ziegel verwenden würden. Entweder Sie bauen selbst etwas, wie eine Gartenmauer, eine Hundehütte oder eine Beet-Umrandung. Es gibt jedoch auch Sammelstellen für Eco Bricks. Dort können Sie diese abgeben und aus Ihren Bricks werden sinnvolle Dinge gebaut.

183. Positive Affirmationen verwenden

Alles geht einfacher, wenn Sie positiv denken und positiv eingestellt sind. Dabei helfen Ihnen positive Affirmationen, das sind sogenannte Leitsätze oder Sinnsprüche. Die kurzen, positiven Glaubenssätze helfen Ihnen, ebenso positiv in die Welt zu blicken und auch ein positives Bild von sich selbst zu erzeugen. Sie können damit zum Beispiel auch Ihr Selbstwertgefühl steigern. "Ich bin schön, ich schaffe das, ich bin wertvoll" sind Glaubenssätze, mit welchen Sie täglich starten und sich selbst ein gutes Gefühl geben.

184. Bei Demos und Protesten mitmachen

Es gibt viele Themen, zu welchen Menschen auf die Straße gehen. Ob Menschenrechte, Gleichstellung, Umwelt, Mobbing oder vieles mehr und viele dieser Ansichten sind auch sehr löblich. Vielleicht möchten Sie die eine oder andere Initiative unterstützen. Dazu gehen Sie ruhig auf Demos mit und helfen Sie dadurch, dass die Stimmen noch lauter werden und Gehör finden.

185. Hauben für ein Waisenhaus stricken

Wenn Sie gerne stricken, dann tun Sie damit ein gutes Werk. Sie können die Haube, auch gerne Pullover und anderes, direkt in Waisenhäusern oder bei Einrichtungen abgeben, die diese weiter leiten. Sie können auch direkt Kontakt mit diversen Waisenhäusern im In- und Ausland aufnehmen und fragen, welche Dinge dringend benötigt werden. Machen Sie auch ruhig einen Aufruf und bitten Sie um Wollspenden. Oft sind auch Handarbeitsgeschäfte so nett und unterstützen Aktionen wie diese mit einer großzügigen Spende.

186. Crowdfunding für einen guten Zweck organisieren

Crowdfunding ist die neue Methode, mithilfe vom Internet und den neuen Medien Spenden einzusammeln. Es gibt dafür spezielle Plattformen, aber auch zum Beispiel bei Facebook kannst du Aufrufe starten, dass Menschen, anstatt dir etwas zu schenken, Geld für dein Projekt zu spenden. Suchen Sie sich ein Projekt, das Sie unterstützen wollen und helfen Sie mit, es zu finanzieren. Auch Start-ups finanzieren sich gerne auf diese Weise.

187. Pasta machen lernen

Nudeln schmecken immer und noch besser schmeckt Pasta, wenn sie selbst gemacht ist. Wenn Sie den Dreh erst einmal raus haben, wie der Teig funktioniert, zaubern Sie in Windeseile köstliche, frische Pasta.

188. Seidenmalerei lernen

Seidenmalerei kann ein schönes Hobby sein, bei dem Sie den Sinn für Mode mit Ihren künstlerischen Ambitionen verbinden. Kurse dafür werden in vielen Städten und Gemeinden und auch an der Volkshochschule abgehalten. Sie können so nette Geschenke für andere herstellen, Ihren eigenen Stil verwirklichen und Ihre eigene Kreativität umsetzten.

189. Tatsachenberichte und Autobiografien lesen

Lesen ist ohnehin eine tolle Beschäftigung und Tatsachenberichte und Autobiografien sind interessant, da Sie hier erfahren, was tatsächlich auf der Welt geschehen ist. Diese Art der Bücher sind häufig die Grundlage für tolle Gespräche und sorgen dafür, dass Ihr Allgemeinwissen vertieft wird.

190. Hausaufgaben-Betreuung übernehmen

Vielleicht haben Sie in Ihrer Umgebung Familien mit berufstätigen Eltern und die Kinder sind sogenannte Schlüsselkinder. Hier könnten Sie anbieten, die Hausaufgabe-Betreuung zu übernehmen oder da zu sein, wenn das Kind von der Schule kommt und zu Mittag essen möchte. Sie können auch recherchieren, ob es in Ihrer Stadt oder Gemeinde einen Verein gibt, in dem Kinder nach der Schule betreut werden. Auch dort werden immer gerne freiwillige Helfer aufgenommen.

191. Für die Tafel engagieren

In der Tafel können sozial benachteiligte Menschen zum Essen kommen und sich auch Lebensmittel mit nach Hause nehmen. Auch hier werden immer Freiwillige gesucht, die bei der Zubereitung der Speisen mithelfen oder da sind, wenn Lebensmittel abgeholt und verteilt werden sollen. Fragen Sie nach, garantiert wird Ihre Hilfe gerne angenommen.

192. Engagieren Sie sich in der Arche

Die Arche ist ein soziales Projekt, in welchem Kinder aus sozial schwachen Familien betreut werden. Die Kinder können hierher zum Lernen, Spielen und Essen kommen. Viele der Kinder kennen kein normales Familienleben und meist ist das Essen in der Arche die einzige warme Mahlzeit, die sie bekommen. Die Organisation ist auf Spenden angewiesen. Daher sind freiwillige Mitarbeiter immer gerne gesehen. Sie können mit den Kindern spielen, ihnen beim Lernen helfen und auch bei der Verpflegung und Organisation mithelfen. Wenn es keine Arche in Ihrer Nähe gibt, garantiert gibt es einen ähnlichen sozialen Verein, der sich für das Wohl der Kinder und Jugendliche einsetzt.

193. Laden Sie zu einer Halloween Party ein

Motto Partys sind immer lustig und toll vorzubereiten. Dekorieren Sie das Haus mit gruseligen Elementen, geschnitzten Kürbissen und Skeletten. Bereiten Sie spezielles Party Food passend zum Thema vor und bitten Sie die Gäste, auch unbedingt verkleidet zu kommen. Recherchieren Sie, wie in Amerika diese Feste gefeiert werden. Ihre

Halloween Party kann zum jährlichen Highlight im Freundeskreis werden.

194. Einen Gruppen Karneval organisieren

Planen Sie mit Ihren Freunden einen Besuch einer Karnevalveranstaltung. Natürlich sollten Sie als Gruppe gleich verkleidet sein. Suchen Sie nach einem tollen Motto für die Gruppe und organisieren Sie die Verkleidung. Sie können diese ausleihen oder auch selbst nähern und basteln. In einer Gruppe macht eine Karnevalveranstaltung immer viel mehr Spaß, als alleine. Wer weiß, vielleicht gewinnen Sie mit Ihrer Gruppe sogar einen Preis.

195. Selbst Kombucha herstellen

Kombucha ist gesund und selbst gemacht nicht nur absolut köstlich, sondern auch sehr günstig. Wenn Sie Kombucha immer wieder im Bio-Laden kaufen, kommt dies sehr teuer. Vielleicht hat in Ihrer Umgebung jemand eine Kombucha Mutter abzugeben. Sie könnten auch in einer FB-Gruppe in Ihrer Region fragen oder einen Ansatz im Internet bestellen. Nun können Sie mit unterschiedlichen Teesorten und Früchten, aber auch mit Gewürzen experimentieren. Aus Kombucha können Sie auch Kombucha Essig herstellen, indem Sie ihn einfach dementsprechend länger gären lassen. Wenn Sie gut auf Ihren Kombucha aufpassen, so haben Sie die Kombucha Mutter für immer.

196. Sauerteig ansetzen und pflegen

Sauerteig ist eine gesunde und schmackhafte Alternative zum Backen von Brot. Es gibt auch süße Sauerteige, die Sie zum Backen von Kuchen verwenden können. Ein Sauerteig ist etwas Lebendiges und kann Jahrzehnte alt werden. In vielen Bäckereien werden die Sauerteige bereits seit Generationen verwendet und man sagt, dass der Sauerteig besser wird, je älter er ist. Setzen Sie sich aus Mehl, Zucker und lauwarmem Wasser einen Sauerteig an. Sie finden in Büchern und im Internet eine genaue Anleitung, wie Sie in Zukunft den Sauerteig hegen, pflegen und Verwenden. Sauerteig anzusetzen ist nicht nur eine spannende Aufgabe, Sie können daraus auch immer tolle Köstlichkeiten zaubern.

197. Kefir selbst machen

Dafür benötigen Sie sogenannte Kefir Grains oder Körner, die Sie im Fachhandel, im Bio-Laden oder auch von Freunden bekommen. Gerne werden Kefir Grains auch weitergegeben, da sie sich wie Sauerteig und die Kombucha Mutter ständig vermehren. Sie müssen nun nur mehr diese Körner mit Milch oder Kokosmilch ansetzen, bei Zimmertemperatur stehen lassen und nach drei Tagen können Sie den fertigen selbst gemachten Kefir abseihen. Selbst gemachter Kefir schmeckt nicht nur besser und ist auf die Dauer günstiger, er hat auch den Vorteil, dass er frei von jeglichen Konservierungsstoffen ist.

198. Am Fluss mit Freunden ein Lagerfeuer machen

Wie lange haben Sie schon kein Lagerfeuer mehr am Fluss gemacht? Dabei war dies doch immer besonders schön. Dabei herrscht eine ganz besondere Atmosphäre und Romantik. Grillen Sie Würstchen, Marshmallows und Stockbrot und vielleicht bringt ja jemand eine Gitarre mit. Bleiben Sie so lange am Lagerfeuer sitzen, bis die Sonne aufgeht. Falls Sie bei sich in der Nähe keinen Platz für Lagerfeuer haben, Sie können dies auch bei sich im Garten oder im Schrebergarten veranstalten.

199. Mit den Nachbarn oder Freunden eine Kartenrunde gründen

Laden Sie regelmäßig Freunde oder Nachbarn zu einer fixen Kartenrunde ein. Es müssen hier aber immer dieselben Personen spielen. Als Einsatz gibt es immer Cents oder Euros und diese kommen nach jedem Spieltag in eine Spardose. Einmal im Jahr verwenden Sie dieses Geld für einen gemeinsamen Ausflug oder Urlaub. So haben Sie wöchentlich die gute Unterhaltung, der verlorene Geldbetrag reißt kein Loch ins Budget und einmal im Jahr machen Sie damit mit lieben Freunden einen tollen Ausflug.

200. In Themenparks gehen

Im Inland und nahen Ausland gibt es tolle Themenparks. Schnappen Sie sich Freunde, die Familie oder Enkel und machen Sie die Themenparks unsicher. Falls sich in der Nähe ein besonders toller Freizeitpark befindet, rentiert sich vielleicht sogar eine

Jahreskarte. Erkunden Sie auch Themenparks im weiter entfernten Ausland. So sind die Harry Potter World, das Gardaland, Euro Disney oder Kings Island tolle Freizeitparks für alle Generationen.

201. Eine 8-er Bahn Challenge starten

Wenn Sie auf Urlaub sind, erkundigen Sie sich, wo es am Urlaubsort einen Themenpark mit einer Achterbahn gibt. Machen Sie es sich zur Aufgabe, in jedem Land mit einer Achterbahn zu fahren. Haken Sie Italien, Deutschland, Amerika, Dubai und Thailand ab, wenn Sie dort die Challenge absolviert haben. Sie können aber anstatt Achterbahnen auch Geisterbahnen und Gruselkabinetts oder Spiegelkabinetts oder das Riesenrad nehmen. Gerade Riesenräder gibt es in vielen Ländern auch außerhalb der Themenparks und sie bieten eine herrliche Aussicht.

202. Segway fahren

In vielen Städten werden Segway Touren angeboten. Sie erhalten natürlich eine Einschulung, damit Sie mit den Fahrzeugen fahren können, bei denen es auf Balance ankommt. Segway fahren macht auf jeden Fall Spaß und Sie können dabei auch Städte in der eigenen Umgebung neu erkunden.

203. Auf den Opernball gehen

Lassen Sie das Märchen einmal wahr werden und erleben Sie den Opernball hautnah. Werfen Sie sich ganz groß in Schale und warten Sie auf das Kommando: "Alles Walzer". Blicken Sie sich gut um, denn auf dem Opernball tümmeln sich auch immer sehr viele Stars und Sternchen. Sie können hier auch wirklich große Schauspieler, Sänger und Models treffen und auch die Live Darbietungen der Balletts und der Opernsänger sind immer unvergleichlich.

204. Das Oktoberfest besuchen

Einmal im Leben soll es Sie auf die sogenannte Wiesn ziehen. Werfen Sie sich ins Dirndlkleid oder die Lederhose und los geht es. In den Zelten wird gesungen und geschunkelt und die eine oder andere Maß Bier oder Radler getrunken. Natürlich darf auch die bayerische Brezen nicht fehlen und auch ein Lebkuchenherz mit entzückender Aufschrift können Sie sich hier um den Hals hängen lassen. Auch ein Brathendl oder einen gegrillten Ochsen müssen Sie hier einfach probiert haben. Falls das Oktoberfest in München ohnehin zu Ihren Traditionen zählt, dann besuchen Sie einfach das Oktoberfest in Dubai oder Las Vegas.

205. Müll sammeln gehen

Tun Sie der Umwelt etwas Gutes und sammeln Sie Müll auf. Schnappen Sie sich einen großen Sack und gehen Sie eine Runde durch den Wald oder den Fluss entlang. Es wird Sie erschrecken, wie viel Müll Sie hier finden werden. Vergessen Sie nicht, Handschuhe mitzubringen, damit Sie den Müll nicht direkt anfassen müssen. Auch eine Müllzwicke am Stock kann hier hilfreich sein, wenn Sie Abfall aus unwegsamem Gelände bergen wollen.

206. Pfandflaschen sammeln und spenden

Spazieren Sie einfach durch die Stadt oder durch Parks. Hier werden Sie unzählige Pfandflaschen entdecken, die einfach so entsorgt wurden. Sammeln Sie diese ein und bringen Sie diese zurück. Das erhaltene Geld können Sie natürlich behalten, könnten es aber auch für einen guten Zweck spenden oder einem Obdachlosen oder einem Straßenmusikanten geben.

207. Microgreens und Sprossen selbst ziehen

Microgreens und Sprossen sind gerade voll im Trend. Sie sind total gesund und versorgen den Organismus mit den wichtigsten sekundären Pflanzenstoffen, Vitaminen und Mineralstoffen. Es ist so einfach, aus Samen und Kernen die Sprossen zu ziehen. Erinnern Sie sich zurück, garantiert haben Sie als Kind bereits Kresse in Watte wachsen lassen. Genauso einfach funktioniert es mit anderen Sprossen und Microgreens. Sie können sich aber auch richtige Boxen zum Keimen besorgen. Diese gibt es in jedem Bio-Laden.

208. Exotische Pflanzen aus Kernen ziehen

Aus herkömmlichen Samen Pflanzen ziehen kann jeder. Versuchen Sie Ihr Glück und ziehen Sie Pflanzen aus exotischem Obst. Werfen Sie in Zukunft die Kerne von Datteln, Feigen, Mango und Avocado nicht mehr weg, sondern versuchen Sie diese zum Keimen zu bringen und pflanzen Sie diese ein. Auch Maracuja und Papaya haben viele Kerne, die auch sehr schnell und unkompliziert wachsen. Natürlich sind dies Pflanzen, die Sie nur im Sommer draußen stehen lassen können. Im Herbst müssen diese Pflanzen an einen warmen Platz gebracht werden. Wenn die Pflanzen größer werden, können Sie diese in Kübel umpflanzen. So lassen sie sich bequem überwintern.

209. Eine Tropfsteinhöhle besuchen

Tropfsteinhöhlen haben etwas Magisches und von den Stalagtiten und Stalagmiten geht ein besonderer Zauber aus. Es ist auch faszinierend zu wissen, wie langsam diese Gebilde wachsen und Sie müssen überlegen, wie lange sich diese Formationen bereits entwickelt haben. Sie können Tropfsteinhöhlen im Inland besichtigen, aber auch in Istrien oder in anderen Ländern finden Sie atemberaubende Tropfsteinhöhlen vor.

210. Eine Schlösser-Reise unternehmen

Planen Sie eine Reise, bei der Sie die schönsten Schlösser des Landes besichtigen. Auf den Schlössern herrscht ein besonderes Ambiente. Meist gibt es hier spannende Museen, die viel über die Geschichte der Schlösser selbst und deren Bewohner erzählen. Reisen Sie nicht nur zu berühmten Schlössern wie Schönbrunn oder Neuschwanstein. Es gibt so viele bemerkenswerte Schlösser mit einer faszinierenden Vergangenheit. Ob Hohenzollern, die Wartburg, Hochosterwitz oder das Schloss Heidelberg, überall steckt eine andere Historie dahinter.

211. Machen Sie selbst Straßenmusik

Das kostet vielleicht etwas Überwindung, aber vielleicht haben Sie ja einen Freund, der mit Ihnen diese verrückte Idee verwirklicht. Schnappen Sie sich ein Instrument oder Texte und suchen Sie sich einen Platz in der Stadt. Natürlich sollten Sie sich zuvor erkundigen, welche Auflagen Sie erfüllen müssen, damit die Aktion nicht illegal ist. Stellen Sie den Hut oder den Gitarrenkoffer auf und schon kann es losgehen. Sie können dafür auch in eine fremde Stadt fahren, in der Sie niemand kennt, falls Sie davor Hemmungen haben. Diese Erfahrung selbst aber ist garantiert spannend.

212. Einen Sprachassistenten besorgen

Garantiert kennen Sie Alexa, Siri und Co. Es ist auch wirklich ganz witzig, diese neuen Medien auszuprobieren. Auch kann es sehr informativ und ein netter Zeitvertreib sein. Sie müssen nun nicht mehr nach den Antworten googeln, sondern fragen einfach Alexa, oder wie immer Ihr persönlicher Sprachassistent heißt.

213. Als Stadtführer arbeiten

Vielleicht leben Sie bereits seit Ihrer Geburt in derselben Stadt und kennen Sie wie Ihre Westentasche. Das sind doch die besten Voraussetzungen, um als Stadtführer zu arbeiten. Fragen Sie in Ihrer Gemeinde oder bei der Stadtverwaltung nach, ob Stadtführer gesucht werden. Auch gibt es im Internet Plattformen, auf welchen private Stadtführer vermittelt werden. So lernen Sie immer wieder neue Menschen kennen und treffen mit vielen unterschiedlichen Kulturen zusammen.

214. Das perfekte Dinner

Vielleicht kennen Sie diese Sendung, die schon lange im Fernsehen läuft. Wenn nicht, ist das auch kein Problem. Suchen Sie sich vier Bekannte. Nun kocht jeder aus der Runde abwechselnd an einem anderen Tag ein mehrgängiges Menü für die gesamte Truppe. Am Ende wird anonym abgestimmt, wer das perfekte Dinner ausgerichtet hat. Dabei kommt es nicht nur auf die Gerichte selbst, sondern auch auf die Deko und auf die Unterhaltung an.

215. Blutspenden gehen

Entweder Sie fragen im nächsten Krankenhaus oder beim Roten Kreuz nach, an welchen Tagen Sie zum Blutspenden kommen können. Sie tun damit nicht nur Gutes und können Leben retten, sie erhalten auch Ihre eigenen Blutwerte ausgewertet und wissen nun, ob Sie etwas auf den Zucker, das Cholesterin oder die Leberwerte aufpassen sollten.

216. Eine Barfußwanderung unternehmen

Barfuß gehen regt die Sinne an und hilft ihnen, sich wieder besser zu erden. Zudem ist es ein ganz spezielles Erlebnis. Unternehmen Sie doch einfach eine komplette Barfußwanderung. Es muss jetzt keine Tour auf den höchsten Berg der Region sein. Eine Wanderung von etwa 3 Stunden durch den Wald, das Moor oder am Strand entlang sind jedoch optimal.

217. Neue Attitudes entwickeln

Attitudes sind Einstellungen oder eben die Art, wie sie sich geben und wie Sie sind. Vielleicht waren Sie immer die Person, die immer für alle im Mietshaus den Hausputz übernommen hat oder die stets Geld verliehen hat und nie auf Rückgabe plädiert hat. Nun wird es Zeit, dass Sie neue Attitudes entwickeln. Werden Sie ruhig etwas egoistischer. Werden Sie der Mensch, der täglich bis 9 Uhr ausschläft, weil er kann und will oder die Person, die am Sonntag nicht gestört werden will. Auch optisch können Sie neue Maßstäbe setzen. Tragen Sie markante Hüte oder Kappen, kleiden Sie sich immer bunt oder kaufen Sie sich ausgefallene Sonnenbrillen. Machen Sie irgendetwas zu Ihrem Markenzeichen.

218. Mit Themenbooten in Berlin fahren

In Berlin können Sie spezielle Themenboote für ein paar Stunden, einen oder mehrere Tage mieten. Diese Boote sind das ganze Jahr hindurch zur Verfügung. Es gibt Sauna Boote oder Whirlpool Boote. Sie schippern gemütlich übers Wasser, während Sie im Jacuzzi liegen oder in der Sauna schwitzen. Es gibt auch sogenannte Grillstation Boote. Diese können Sie mit Freunden mieten und darauf eine Grillparty veranstalten. Auch Hausboote für mehrere Tage werden hier zum Ausleihen angeboten.

219. Eine Fahrt mit dem Heißluftballon unternehmen

Erleben Sie die eigene Region aus einer neuen Perspektive. Eine Fahrt mit dem Heißluftballon ist absolut spannend. Besonders atemberaubend sind jene Ballonfahrten, die in Bagan in Myanmar angeboten werden. Hier fahren Sie mit dem Ballon über eine riesige Fläche mit Hunderten von alten Tempeln. Besonders zum Sonnenaufgang oder Sonnenuntergang sind diese Fahrten enorm schön.

220. Eine Bahnreise durch Europa unternehmen

Früher war es das Höchste für Jugendliche, wenn sie das erste Mal alleine per Interrail durch Europa fahren durften. Dieselbe Faszination können Sie auch heute noch erleben. Schnappen Sie sich ein Europaticket und erkunden Sie die Länder, in welchen Sie noch nie gewesen sind. Lassen Sie sich Zeit, Sie haben alle Zeit der Welt. Wenn Sie mit dem Zug verreisen, können Sie die Landschaft intensiv erleben und Sie haben auch immer wieder die Möglichkeit, mit Mitreisenden ins Gespräch zu kommen.

221. Die Gletscherhöhlen in Island sehen

Island besitzt mächtige Eishöhlen, die zu den beeindruckendsten Naturschauspielen der Welt zählen. In Island können Sie diese Höhlen jedes Jahr zwischen November und März besichtigen.

222. Drehen Sie ein Koch-Video

Vielleicht haben Sie eine Spezialität, die nur Sie so besonders gut können oder Sie besitzen ein ultimatives Geheimrezept. Drehen Sie davon ein Video und lassen Sie die Welt daran teilhaben. Sie können das Video auf YouTube hochladen. Hier können Sie aber immer noch entscheiden, ob Sie das Video nur mit ausgewählten Freunden oder mit der ganzen Welt teilen wollen.

223. Das Pensionisten Kunst Workshop in Groznjan besuchen

Jedes Jahr im Sommer werden in Istrien in dem kleinen Dorf Groznjan spezielle Kunst Workshops für Pensionisten unternommen. Hierbei handelt es sich um ein Dorf, welches bereits verlassen war und von Künstlern wieder zum Leben erweckt wurde. Hier können Sie auch an vielen anderen Workshops zu diversen künstlerischen Themen teilnehmen.

224. Mermaid Shooting mit der Enkelin machen

Wenn Sie eine Enkelin haben, überraschen Sie diese mit einem Mermaid Shooting. Diese werden bereits in vielen Städten angeboten. Dafür schlüpfen Sie in Meerjungfrauen Kostüme und Sie werden im Wasser fotografiert. Auch wenn Sie keine Enkelin haben, ist so ein Shooting als Meerjungfrau immer eine lustige Sache. Auch viele Männer schlüpfen für Ihre Enkel oder Großnichten in diese märchenhafte Verkleidung.

225. Work and Travel in Australien

Eine Reise nach Australien ist immer teuer und auch das Visum nicht so einfach zu bekommen. Mit Work and Travel sind diese Schwierigkeiten aus der Welt geschaffen. In Australien können Menschen in allen Altersgruppen gegen Kost und Logis mitarbeiten. Sehr beliebt sind hier zum Beispiel Arbeiten auf den Farmen. Helfen Sie beim Betreuen von Schafen und Kühen mit, arbeiten Sie in einem Nationalpark mit oder werden Sie Erntehelfer. Durch diese Art zu reisen sparen Sie nicht nur viel Geld, sondern kommen auch mit Land und Leute ganz intensiv in Kontakt.

226. Freiwilligenarbeit im Tierheim in Spanien

Ebenfalls gegen Kost und Logis können Sie in einem Tierheim in Spanien mitarbeiten. Hier gibt es sehr viele privat geführte Organisationen, die sich um die unzähligen Straßenhunde kümmern. Wenn Sie Hunde lieben und nebenbei Land und Leute kennenlernen wollen, dann helfen Sie hier bei der Pflege und Vermittlung von Hunden und Katzen mit, die sonst nicht überleben würden.

227. Freiwilligenarbeit in einem Elefanten-Camp

Auch in Thailand können Sie Freiwilligenarbeit machen. Es wird hier Volonteering genannt und Sie erhalten dafür auch ein eigenes Visum. Gegen Kost und Logis arbeiten Sie dafür in diversen Elefanten-Camps mit. Dies ist ein besonderes Erlebnis, denn so nahekommt man gewöhnlich nicht an die sanften, grauen Riesen heran. Im Internet gibt es Agenturen, die diese Volonteerings vermitteln.

228. An Gewinnspielen teilnehmen

Lösen Sie gerne Kreuzworträtsel? Dann nehmen Sie doch auch an den Gewinnspielen teil, die ständig in den Rätselzeitschriften durchgeführt werden. Auch wenn Sie sagen, dass Sie noch nie gewonnen haben, tun Sie es. Vergessen Sie nicht, Sie können nur gewinnen, wenn Sie auch tatsächlich mitspielen. Auch im Internet gibt es immer wieder kostenlose Gewinnspiele, an denen Sie teilnehmen können. Achten Sie hier jedoch darauf, dass diese wirklich kostenlos sind und dass Sie außer Namen und E-Mail keine persönlichen Daten verraten sollen.

229. House Flipping betreiben

Dafür benötigen Sie zwar ein gewisses Kapital, doch es kann sich durchaus lohnen, vor allem wenn Sie handwerklich begabt sind. Kaufen Sie für kleines Geld das am heruntergekommenste Haus in der Gegend. Renovieren Sie dieses nun und verkaufen Sie es wieder mit einem ordentlichen Gewinn. Das kann nicht nur eine nette Beschäftigung, sondern auch absolut lukrativ sein.

230. Einen Vulkan besteigen

Es gibt immer noch Vulkane, die aktiv sind und vor sich hin brodeln. Besteigen Sie einen dieser Vulkane und blicken Sie hinunter. Es zischt und spuckt und Sie können die Hitze spüren und den Schwefel riechen. Es ist faszinierend, welche Gewalt die Natur haben kann.

231. Geysire und heiße Quellen erleben

Der vielleicht beeindruckendste Geysir ist der Fly Geyser in Nevada in Amerika. In der Black Rock Wüste können Sie dieses atemberaubende Farbenspiel erleben. Hier wurden durch das mineralhaltige Wasser skurrile Formationen inmitten der sonst so kargen Landschaft geschaffen. Doch auch in vielen anderen Regionen können Sie Geysire und heiße Quellen finden. Die bekanntesten heißen Quellen finden Sie in Japan.

232. Den Grand Canyon besuchen

Der Grand Canyon Nationalpark befindet sich in Amerika, im Bundesstaat Arizona. Dies ist die wohl bekannteste Schlucht, die mit ihrer Tiefe und der tiefroten Farbe beeindruckt. Die Schlucht ist knapp 450 km lang und 16 km breit. Sie erreicht eine Tiefe von 1.600 Metern und ist wirklich beeindruckend. Genießen Sie das Panorama und lassen Sie sich auch den Colorado-River mit seinen Stromschnellen nicht entgehen.

233. Die Niagarafälle besichtigen

Die Niagarafälle zählen zu den größten Wasserfällen der Welt. Sie befinden sich zwischen der Provinz Ontario in Kanada und dem Bundesstaat New York in den USA. Hier stürzen sich pro Sekunde etwa 2,2 Millionen Wasser in die Tiefe. Dieses Naturschauspiel sollten Sie einmal im Leben in Natur gesehen haben.

234. Das Eisfestival in Harbin in China besuchen

Jedes Jahr wird in China dieses Festival veranstaltet. Hier werden unzählige Skulpturen aus Eis gebaut, die einfach unvergleichlich und sagenhaft sind. Dieses Festival ist das größte seiner Art. Ganze Städte und Paläste werden nachgebaut und mit Lichtern beinahe unwirklich in Szene gesetzt. Bereits seit 1963 wird dieses Festival ausgetragen und jedes Jahr erwarten die Besucher wieder neue Skulpturen und Gebilde, an welchen monatelang gearbeitet wird.

235. Das Eisdorf am Shikaribetsu See in Japan bereisen

Auf Japans nördlichster Halbinsel findet einmal pro Jahr ein Festival mit beeindruckenden Skulpturen aus Schnee und Eis statt. Auf dem gefrorenen See wird ein komplettes Dorf nachgebildet. Sogar Bars, Kaffeehäuser, eine Kapelle und ein Schwimmbad sind in diesem Eisdorf vorhanden. Dieses Eisdorf liegt mitten im Daisetsuzan Nationalpark.

236. Einen Vortrag über Ihre Reisen halten

Auch andere haben sicher Interesse an Ihren Reisen und den Erlebnissen. Halten Sie in einem Gasthaus oder dem Gemeindesaal einen Vortrag und lassen Sie auch andere an Ihrem Erlebten teilhaben. Vielleicht animieren Sie auch andere dadurch, dass diese ihre Komfortzone verlassen und etwas Spannendes unternehmen. Vielleicht finden Sie so auch einen Reisebuddy, der Sie auf der nächsten Reise begleitet.

237. Eine Ausstellung organisieren

Vielleicht malen Sie selbst oder fotografieren oder haben eine andere Art von Kunst, die ausgestellt werden kann. Sie können aber auch Künstler in Ihrem Bekanntenkreis unterstützen und eine gemeinsame Ausstellung organisieren. Gerade für unbekannte Künstler sind diese Art von Ausstellungen so wichtig, damit ihre Kunst bekannt wird und damit sie auch das eine oder andere Exponat verkaufen können. Fragen Sie bei der Stadt, der Gemeinde oder in einem Restaurant nach, ob Sie kostenlos eine Fläche für die Ausstellung bekommen.

238. Einen Stand auf einem Markt organisieren

Sie können auf einem Marktstand sämtliche Handwerkserzeugnisse, Handarbeiten und Kunst verkaufen. Egal ob Sie Skulpturen schnitzen, töpfern, stricken, häkeln, sticken oder weben, malen oder Schmuck herstellen, alles lässt sich auf einem Markt anpreisen. Falls Sie zu wenige Produkte für einen Stand haben, schließen Sie sich mit Bekannten zusammen, die ebenfalls Kunst oder Handwerkskunst erzeugen und verkaufen möchten. Erkundigen Sie sich nach einem Stand auf dem Adventsmarkt oder auf einem Stand am Wochenmarkt oder bei den vielen Sommerfesten, die veranstaltet werden. Auch auf Messen können Sie einen Stand buchen, diese sind jedoch in der Regel teurer.

239. Einen Zengarten anlegen

Einen Zengarten können Sie sowohl im Freien, im eigenen Garten, aber auch in der Wohnung anlegen. Es gibt zauberhafte Zengärten in Miniaturform, die auf eine Fläche von 10 x 10 cm angelegt und eine tolle Dekoration sind. Sie bestehen aus Kies, Steinen, Sand und Moos und werden mit asiatischen Motiven und Elementen dekoriert. Gepflegt wird der Garten mit einem kleinen Rechen. Außer Moos befinden sich im Zengarten keine Pflanzen und auch kein Wasser. Der Zengarten soll sich positiv gegen Stress im Alltag, Hektik und innere Unruhe auswirken.

240. Bewerben Sie sich als Synchronsprecher oder Voice over

Für manche Filmproduktionen oder auch für Hörbücher werden immer wieder Sprecher gesucht. Gerade in einer Zeit, in welcher Hörbücher immer populärer werden, werden auch Synchronsprecher und Co vermehrt benötigt. Recherchieren Sie im Internet. Mit nur wenigen Klicks werden Sie fündig. Sie können sich aber auch direkt bei Verlagen bewerben, die auch Hörbücher verlegen.

241. Mit Bestimmungsbuch oder App die Natur erkunden

Egal ob digital oder analog, ziehen Sie hinaus auf die Wiese und in den Wald und entdecken Sie, welche breite Vielfalt an Pflanzen bei Ihnen in der Umgebung wächst. Vielleicht erhalten Sie dadurch auch wieder Ideen und Inspiration, was Sie aus den Pflanzen herstellen könnten.

242. Runen lernen

Runen sind alte germanische Schriftzeichen. Zudem werden ihnen magische Kräfte zugeschrieben. Daher faszinieren diese Runen die Menschen bereits seit Jahrhunderten. Erfahren auch Sie, wie Runen auch Ihr Leben beeinflussen könnten, oder wie Sie etwas Magisches aus den keltischen Zeichen herauslesen können. Sowohl im Buchhandel als auch im Internet finden Sie spannende Literatur zu diesem Thema.

243. Über Heilzeichen informieren

Heilzeichen sind Symbole, welche laut alten Sagen und Legenden auch die Gesundheit und die Heilung beeinflussen können. So können spezielle Heilzeichen das Immunsystem stärken oder auch dafür sorgen, dass Wunden rascher abheilen oder Entzündungen abklingen. Informieren Sie sich in Büchern oder auch im Internet über die faszinierende Welt der Heilzeichen. Auch wenn Sie so gar nicht esoterisch veranlagt sind, kann dies ein spannendes Thema sein.

244. Einen Krippenbaukurs besuchen

Krippen bauen ist eine alte ländliche Tradition und erlebt gerade auch in den Städten ein Comeback. Es werden zahlreiche Kurse angeboten. Hier lernen Sie, wie die verschiedensten Krippen gebaut werden und welche Arten von Krippen es überhaupt gibt. Ob orientalische Krippen, Bauernkrippen oder kleinen Krippen in Nussschalen oder Tonkrügen, hier können Sie Landschaften aus dem Testament nachbauen und Ihrer Kreativität freien Lauf lassen.

245. Etwas zu Bares für Rares bringen

Garantiert haben Sie noch alte Bilder, Möbel oder andere Dekogegenstände, vielleicht auch Schmuck, die nicht mehr verwendet werden, jedoch viel zu schade und zu kostbar zum Entsorgen sind. Informieren Sie sich über Bares für Rares. Hier können Sie diese Gegenstände Händlern vorstellen, die diese auch ersteigern können. Natürlich kommen Sie zuvor in den Genuss einer professionellen Expertise, damit Sie wissen, wie hoch der tatsächliche Wert Ihrer Schätze ist.

246. Zum Bingo gehen

Es ist zwar ein Klischee, dass Rentner gerne zum Bingo gehen, doch Bingo-Abende können durchaus unterhaltsam sein. Sie spielen nicht nur mit und erleben die Spannung, ob endlich auch die richtigen Zahlen kommen, Sie lernen hier auch neue Leute kennen und bauen so Ihr soziales Netzwerk wieder ein bisschen mehr aus. Smalltalk kann ja auch ganz nett sein.

247. Über Chakren lernen

Chakren sind Energiezentren im Körper, die durch diverse Linien miteinander verbunden sind und für unser Wohlbefinden oder Blockaden verantwortlich sein können. Vor allem spielen die Chakren im Ayurveda, im Yoga, in tantrischen Lehren und auch in der Esoterik eine wichtige Rolle. In der westlichen Welt werden Chakren häufig anders bezeichnet, werden als Energiezentren jedoch genauso verwendet. Lesen Sie sich über die Thematik ein. Es gibt spannende Bücher zu dem Thema, aber auch im Internet sehr informative Literatur.

248. Über Körpersprache lernen

In der Körpersprache eines Menschen können Sie extrem viel lesen. Sie wissen genau, ob er Ihnen gut gesonnen ist, ob er ehrlich ist oder nervös. Wenn Sie Körpersprache gelernt haben, können Sie regelrecht in den Menschen lesen. Das ist absolut spannend und bringt allerlei Vorteile. Zudem können Sie durch Ihre eigene Körpersprache Ihre Mitmenschen auf gewisse Weise manipulieren. Es gibt zu diesem Thema viele tolle Bücher und auch im Internet finden Sie viel Wissenswertes über Körpersprache. Vielleicht wollen Sie auch einen Vortrag oder Kurs zu diesem Thema besuchen.

249. Bogenschießen gehen

Bogenschießen ist eine tolle Sportart, die nicht allzu anstrengend ist, dennoch eine gewisse Körperspannung, etwas Kraft und vor allem Koordination und Konzentration bedarf. Daher ist es vielleicht gerade für Sie der passende Ausgleichssport. Versuchen Sie es einfach.

250. Lachyoga machen

Sehen Sie sich im Internet Videos zum Thema Lachyoga an und garantiert wird auch gleich Ihre eigene gute Laune steigen. Sie können mit Lachyoga tatsächlich Ihre eigene Stimmung beeinflussen. Das macht sich in der Psyche bemerkbar. Oft hilft Lachyoga sogar gegen leichte Depressionen. Das Training mit dem Lachen hat einen zusätzlichen Vorteil, angeblich lassen sich durch Lachyoga auch die einen oder anderen Fältchen im Gesicht wegzaubern.

251. Ein Kristall und Edelstein Workshop besuchen

Kristalle und Edelsteine sind interessant und jeder Stein hat eine eigene Bedeutung und Wirkung. Besuchen Sie einen Workshop und erfahren dort, wofür Kristalle und Edelsteine eingesetzt werden können. Es werden auch immer wieder spannende Ausstellungen und Messen über Edelsteine und Kristalle veranstaltet.

252. Ein Bachblüten Workshop besuchen

Der Arzt Edward Bach hat einst nach einer Möglichkeit gesucht, Krankheiten und Beschwerden auf natürliche Art und mithilfe der Seele und Psyche zu heilen. Bei seinen Forschungen hat er die Bachblüten gefunden und sich darauf spezialisiert. Vielleicht kennen Sie bereits die berühmten Notfalltropfen und haben diese auch schon verwendet. Sie wissen zwar nicht, warum diese funktionieren. Daher ist es absolut spannende, ein Workshop zu diesem Thema zu besuchen.

253. Einen Töpferkurs machen

Auch hier können Sie wieder Ihre kreative Ader zum Vorschein bringen. Zudem stellen Sie schöne Deko-Gegenstände her und Sie können für die Familie und Freunde Geschenke selbst herstellen. Garantiert freuen sich alle, wenn Sie zum Geburtstag oder zu Weihnachten individuelle Vasen, Aschenbecher, Tassen oder Skulpturen erhalten.

254. Ansichtskarten sammeln

Nachdem Sie im Ruhestand viel mehr unterwegs sein können, besuchen Sie viele Orte, an die Sie sich später gerne wieder erinnern wollen. Sammeln Sie von allen Orten Ansichtskarten. Sie können aus diesen Karten zum Beispiel eine ständig wachsende Collage basteln und mit all diesen Karten zum Beispiel eine ganze Wand in Ihrem Wohnzimmer dekorieren. So erinnern Sie sich bei jedem Blick auf die Collage auf die wunderbaren Momente, die Sie dort erlebt haben.

255. Auf einem Hochrad oder Einrad fahren

Versuchen Sie irgendwo ein Hochrad aufzutreiben. Diese sind heutzutage sehr selten und am ehesten noch als Attraktion auf Festivals oder beim Zirkus zu sehen. Einräder werden heute wieder produziert, da diese ein absolutes Comeback gestartet haben. Egal welches Fahrzeug Sie auch auftreiben können, es macht sicher Spaß, auf diesen Rädern zu fahren, zu balancieren oder es zumindest zu versuchen.

256. Auf Stelzen gehen

Stelzen waren in früheren Zeiten ein beliebtes Sportgerät und wurden auch bei Veranstaltungen gerne verwendet. Stelzengehen war auf der ganzen Welt beliebt und in vielen Kulturen werden diese heute noch bei Umzügen ausgepackt. Lange waren Stelzen bei uns jedoch in der Versenkung verschwunden. Jetzt werden Sie vereinzelt wieder hergestellt. Versuchen Sie doch, auf den Stelzen zu gehen, es ist ein Sport, bei dem Sie Ihre Körperspannung trainieren können und auch das Gleichgewicht schulen.

257. Madame Tussauds besuchen

Garantiert kennen Sie Madame Tussauds, das Wachsfiguren Kabinett. Mittlerweile gibt es viele Filialen von diesem Museum, das einst in London gestartet ist. Hier können Sie die berühmtesten Schauspieler, Sänger und Persönlichkeiten der Welt hautnah erleben und tolle Fotos machen. Heute finden Sie die täuschend echten Wachsfiguren in Berlin, Bangkok, New York, Sydney und in vielen anderen Metropolen.

258. Das Egon-Schiele-Museum in Krumau besuchen

Krumau in der Tschechischen Republik ist ein entzückendes Städtchen mit einer beeindruckenden Burg und engen Gassen. Das Highlight dort aber ist das Egon-Schiele-Museum, der einige Jahre seines Lebens in diesem Ort verbracht hatte. Dort können Sie sehr viele seiner Kunstwerke bestaunen und erfahren viel Wissenswertes über den selbstbewussten Künstler, der seiner Zeit absolut voraus war.

259. Auf eine Weinverkostung gehen

Ob bei Ihnen im Ort, in der Toskana, in Frankreich oder Südafrika, Sie können überall an einer Weinverkostung teilnehmen. Vielleicht möchten Sie in die Wachau, ins Kamptal oder ins Burgenland reisen oder die besten Weine der Mosel verkosten. Sie können hier immer wieder andere tolle edle Tropfen probieren und natürlich auch immer wieder ein gutes Fläschchen mit nach Hause nehmen. So legen Sie sich schnell eine beachtliche Sammlung an.

260. Eine Genießer-Messe besuchen

Messen sind immer ein tolles Ausflugsziel. Auf der Genießer-Messe lernen Sie die neuesten und edelsten Produkte kennen, die gerade auf den Markt kommen. Sie sind vielleicht eine der ersten Personen, die ein neues Lebensmittel verkosten dürfen. Auch erhalten Sie auf den Genießer oder Genuss Messen immer tolle Geschenke, Gutscheine und Kostproben für zu Hause.

261. Die Comic Con besuchen

Hier handelt es sich um eine Messe speziell für alle Comicfans. Besucher dieser Messe werden gerne als Nerds bezeichnet, da sie sich mit ihrem Hobby stark von der breiten Masse abheben. Die Besucher dieser Messe sind immer als Superheld aus dem Comic verkleidet und auch Sie sollten für den Messebesuch unbedingt in eine andere Persönlichkeit schlüpfen.

262. Auf die Insel Mainau fahren

Die drittgrößte Insel im Bodensee ist auch unter dem Namen Blumeninsel bekannt. Genießen Sie das ganze Jahr hindurch die herrliche Natur. Im Frühjahr erwachen die Blumen und im Sommer ist die Insel vor allem für die enorme Pracht der Rosen bekannt. Ein riesiges Meer an Dahlien bringt Farbe in den Herbst und im Winter wird die Insel Mainau in einen magischen Wintergarten verwandelt. Die Insel, deren Gärten bereits im Jahr 1827 angelegt wurden, ist immer eine Reise wert.

263. Filmstudios besichtigen

In Deutschland gibt es zahlreiche Filmstudios von Berlin bis Köln und auch in Wien können Sie das ORF-Zentrum besichtigen. Auch in Amerika finden Sie in Los Angeles eine Vielzahl an Filmstudios. Hier können Sie erleben, wie Filme gedreht werden und welche Geheimnisse hinter den Stunts und Special Effects stecken. Sie lassen sich hier in bekannten Filmkulissen fotografieren und in manchen Filmstudios können Sie sogar eine kleine Rolle in einem eigenen Film übernehmen.

264. Ein Smart Home einrichten

Ein Smart Home ist ein Zuhause, das mithilfe der neuesten Technologien digitalisiert wird. So reguliert sich der Kühlschrank automatisch je nach Bestand und bestellt auch automatisch Waren nach, wenn Sie dieses eingeben. Der Drucker ordert neue Farbpatronen, wenn diese zur Neige gehen und auch die Temperatur wird automatisch reguliert. Sie können über Ihr Handy jederzeit von unterwegs auf die Kamera zu Hause zugreifen und sehen, wer gerade an der Haustüre geläutet hat, oder was Hund, Katze und Maus gerade daheim so treiben.

265. Eine Wattwanderung unternehmen

Begeben Sie sich an die ostfriesische Nordseeküste und nehmen Sie an einer geführten Wanderung durch das Watt teil. Mit Gummistiefel ausgestattet marschieren Sie über die Strände und erleben diese ganz besondere Form der Gezeiten.

266. Einen Pool mieten oder vermieten

Es gibt im Internet Plattformen, auf welchen Sie für einen Tag einen privaten Pool mieten können. Dort können Sie einen Tag alleine oder mit Freunden in der Sonne genießen und auch kleine Extras wie Grill oder Snacks dazu buchen. Auf dieser Plattform können auch Sie Ihren Pool vermieten, wenn Sie ihn nicht immer selbst nutzen und ein kleines Taschengeld damit machen wollen.

267. Bei einem Pub Quiz teilnehmen

In vielen Bars und Pubs wird abends gerne ein Pub Quiz veranstaltet. Dabei treten Sie meist in kleinen Gruppen gegeneinander an. Es gibt Fragen aus allen Themenbereichen zu beantworten und für die Siegergruppe gibt es meist einen kleinen Preis zu gewinnen. Dieser ist aber Nebensache, denn im Vordergrund steht der Spaß, der hier sicher aufkommt.

268. Bei einer Quiz-Show bewerben

Auf allen Sendern werden jeden Tag viele Quiz-Shows veranstaltet. Melden Sie sich doch bei einer dieser Shows an. Egal ob es "Wer wird Millionär" oder "Wer stiehlt mir die Show" ist – Sie haben hier eine riesen Auswahl. Das Gute bei diesen Shows ist, Sie können nur gewinnen. Denn auch wenn Sie nichts gewonnen haben, so wird meist die Anreise und mindestens eine Übernachtung bezahlt. Auf diese Art und Weise können Sie quasi kostenlos wieder eine Menge Erlebnisse auf Ihre Bucket List setzen und mit etwas Glück auch richtig viel Geld oder tolle Preise gewinnen.

269. Einen Ruhestands-Baum pflanzen

Suchen Sie sich dafür einen Baum aus, den Sie richtig gerne haben. Es kann ein Zitronenbäumchen für die Wohnung sein, aber auch ein Apfel- oder Kirschbaum, aber auch ein Frangipani oder ein anderer Zierbaum. Nun sehen Sie ihm beim Wachsen zu und wie er, genau wie Sie, mit den Jahren immer noch mehr aufblüht.

270. Selbst Onlinekurse geben

Sicher gibt es etwas, das Sie besonders gut können. Zu diesem Thema können Sie online Kurse anbieten. Egal ob es ein Kochkurs ist, ein Sprachkurs, ein Heimwerkerkurs oder ein Malkurs – so viele Talente es auf der Welt gibt, so viele Möglichkeiten haben auch Sie diese online zu unterrichten. Sie können sich dafür auf einer Plattform anmelden oder diese über Ihre eigene Webseite anbieten.

271. Das Christkindl besuchen

In Oberösterreich gibt es einen zauberhaften Ort mit dem Namen Christkindl. Jedes Jahr im Advent wird hier im Hotel und Restaurant Christkindlwirt das Weihnachtspostamt Christkindl eröffnet. Dieses Postamt hat bereits seit mehr als 50 Jahren Tradition und zieht Besucher aus aller Welt an. Kinder schreiben hier Briefe ans Christkind und bekommen auch immer eine Antwort. Zudem werden jedes Jahr eine spezielle Sondermarke und ein Stempel aufgelegt. In Christkindl gibt es zudem kleine Shops, eine wunderschöne Wallfahrtskirche mit einem wächsernen Christkind und ein bewegliches Krippenspiel.

272. Eine Schneeburg bauen

Nicht nur Kinder haben Spaß daran, im Winter eine große Schneeburg zu bauen. Gestalten Sie aus Ziegeln aus Schnee und Eis eine richtig tolle Hütte mit Eingang, Fenster und Sitzbänke im Inneren. Laden Sie dazu Freunde und die Familie ein und Sie werden sehen, dafür können Sie garantiert alle im Handumdrehen begeistern.

273. Schaukeln gehen

Auch zum Schaukeln ist man nie zu alt. Schaukeln tut der Seele gut und schenkt Ihnen ein Gefühl von Freiheit. Besonders toll ist es, wenn Sie im Urlaub am Strand eine Schaukel erspähen. Doch auch im eigenen Garten können Sie am alten Kastanienbaum eine Schaukel nur für sich aufhängen.

274. Mandalas ausmalen

Mandalas sind geometrische Bilder, die vor allem im Buddhismus und Hinduismus eine große Rolle spielen und mit floralen Lotus Mustern und asiatischen Symbolen inspiriert sind. Es macht viel Spaß, diese Mandalas auszumalen. Gleichzeitig ist es eine sehr meditative und beruhigende Aufgabe. Mandalas ausmalen hat sich in den letzten Jahren zu einer beliebten Tätigkeit für Erwachsene entwickelt. Es gibt im Buchhandel Mandala Bücher zum Ausmalen, Sie finden aber auch im Internet zahlreiche Vorlagen, die Sie ausdrucken können.

275. Bei einer Internet Challenge mitmachen

Hierbei handelt es sich um eine moderne Variante der Kettenbriefe auf Video-Basis. Es können kurze Tänze zu speziellen Liedern mit extra Choreografie sein, lustige kleine Tricks oder Pranks, Mutproben mit eiskaltem Wasser und Eiswürfeln oder Kunststücke. Jeder, der mitmacht, nimmt ein Video auf und filmt sich bei der Durchführung. Zum Schluss wird ein Freund nominiert, der nun ebenfalls diese Challenge machen muss. Diese Challenges werden hauptsächlich auf Tik Tok, YouTube oder Instagram, aber manches Mal auch auf Facebook hochgeladen.

276. Die 1 Euro Häuser in Sambuca besichtigen

Der Ort Sambuca in Sizilien lockt mit Häusern, die um nur einen Euro verkauft werden. Natürlich handelt es sich dabei um alte Häuser, die stark renovierungsbedürftig sind. Doch es sind alles Häuser mit einem ganz besonderen Charme, die eine Geschichte von mehreren hundert Jahren erzählen. Es kann jedoch sein, dass sich die Preise verdoppeln, Sambuca überlegt, die Häuser in Zukunft für zwei Euro zu verkaufen.

277. Die Glühwürmchen Höhle in Waitomo bestaunen

In dieser Höhle in Neuseeland handelt es sich um ein besonders romantisches Naturschauspiel. Die Höhle auf der Nordinsel wird von abertausend bunten Glühwürmchen beleuchtet. Hierbei handelt es sich um spezielle Larven der Langhornmücke, die sich in diesen schillernden Farben präsentieren.

278. Den Teufelstisch in Rheinland-Pfalz bereisen

Diese Felsformation ist 14 Meter hoch und hat ein Gewicht von etwa 284 Tonnen. In der näheren Umgebung gibt es noch mehr skurrile Felsformationen, doch der Teufelstisch ist der bekannteste und größte seiner Art. Es gibt zu diesem Tisch eine Sage. In dieser heißt es, der Teufel wurde nachts hungrig und um gemütlich essen zu können, stellte er zwei Felsen aufeinander. Der Teufelstisch ist eine Attraktion im gleichnamigen Erlebnispark mit Wanderwegen, Labyrinth und Riesenrutsche.

279. Salar de Uyuni in Bolivien

Bei diesem Naturspektakel handelt es sich um die größte Salzpfanne der Welt. Diese ist vor mehr als 10.000 Jahren entstanden. Von Juni bis Dezember ist die Pfanne ausgetrocknet und Sie können die Salzkruste sehen, die 30 Meter dick ist. Während der Regenzeit verwandelt das Wasser die Salzpfanne in den größten Spiegel der Welt und in eines der spektakulärsten Fotomotive.

280. Skellig Michael in Irland

Nicht ganz so weit müssen Sie in das vielleicht bekannteste Kloster der Welt reisen. Auf einer zerklüfteten Felsinsel wurde bereits im 6. Jahrhundert das Kloster errichtet. Es befindet sich spektakuläre 218 Meter über dem Atlantik. Die Skellig Michael, auch Bienenkorbhütten genannt, war bereits Drehort für die Star-Wars-Saga und wird von der UNESCO als Weltkulturerbe geführt. Begeben Sie sich auf die Spuren von Luke Skywalker, der sich in diesem Kloster versteckt hatte.

281. Der Maharloo See in Shiraz im Iran

Im Frühjahr und Sommer färbt sich dieser See in einen wunderbaren rosa Farbton. Die Farbe entsteht durch eine spezielle Zusammensetzung der Salze und Mineralstoffe, die durch das Verdunsten während des Sommers konzentriert werden. Der See ist auch simpel als pinker See von Shiraz bekannt.

282. Der 5 Farben Fluss in Kolumbien wartet

Dieser Fluss präsentiert sich in den Farben des Regenbogens und ist wirklich etwas Besonderes. Der Fluss Caño Cristales im Nationalpark Serrania de la Macarena präsentiert sich in schwarz, rot, gelb, pink und grün. Verantwortlich für das Farbenspiel sind die besonderen Pflanzen, die am Grund des Sees wachsen.

283. In den Steinwald in China reisen

Dieses Naturspektakel ist eine faszinierende Alternative zur Chinesischen Mauer. In der Provinz Yunnan ragen diese Felsen wie Bäume in den Himmel. Natürlich wird diese Sehenswürdigkeit von der UNESCO als Weltkulturerbe geführt.

284. Das Silfa Rift in Island

Hier erleben Sie die Bewegungen der tektonischen Platten. Hier laufen Sie von der Nordamerikanischen Platte auf die Eurasische Platte. Auch wenn Sie tauchen, kommen Sie hier auf Ihre Kosten. Das Silfa Rift besticht mit einer tollen Weitsicht und Sie können unter Wasser bis zu 300 Meter sehen, während Sie durch die Spalten tauchen.

285. Der gepunktete See in Kanada ruft

Der Spotted Lake, wie er auch heißt, befindet sich in der Nähe der Stadt Osoyoos. Er ist das Highlight in der kanadischen Provinz British Columbia. Die Punkte entstehen durch Ablagerungen diverser Mineralien und Salze. Sie bestaunen den Fluss am besten von oben von der Straße. An den Fluss direkt kann man nur schlecht gelangen, da er sich in einem Reservat der Indianer befindet. Doch es geht hier ohnehin um den Blick von oben auf die Punkte.

286. Die Kalksteinterrassen von Pamukkale genießen

Wenn Sie in die Türkei reisen, dann sollten Sie unbedingt einen Ausflug nach Pamukkale unternehmen. Durch die enorm kalkhaltige Thermalquelle sind diese Plateaus und Naturpools entstanden. Das Wasser hier hat himmlische 36 Grad Celsius und lädt zum Planschen und Genießen ein. Auch Pamukkale wird von der UNESCO als Weltnaturerbe geführt.

287. Fliegen Sie zu den Chocolate Hills

Die Schokoladen Hügel befinden sich auf den Philippinen auf der Insel Bohol. Der Sage nach entstanden diese Hügel, als sich Riesen gegenseitig mit Felsen bekämpft hatten.

288. Beim Hahnenkammrennen in Kitzbühel zusehen

Dieses spektakuläre Skirennen ist auf der ganzen Welt bekannt, doch nicht nur wegen der gefährlichen Strecke, über welche sich die Läufer ins Tal stürzen. In dem Tiroler Ort trifft sich jedes Jahr die High Society und mischt sich unter das feiernde Volk. Die Chancen stehen gut, dass Sie hier an der Bar abends neben Arnold Schwarzenegger oder einem bekannten Rennfahrer oder einem Model stehen.

289. Zu den Pyramiden fahren

Zu den ältesten und bekanntesten Bauwerken der Welt zählen die Pyramiden von Gizeh in Ägypten und noch heute kann nur vermutet werden, wie diese tatsächlich genau entstanden sind. Sie entstanden etwa 2.600 vor Christus und zählen zu den großen Rätseln der Erde.

290. Den Angkor Wat besuchen

Begeben Sie sich auf die Spuren von Laura Croft aus dem Film Tomb Raider. Dieser Film wurde im Angkor Wat in Kambodscha gedreht. Hier bestaunen Sie spektakuläre Tempel und Bauwerke der Khmer. Die buddhistische Tempelanlage besticht mit ihrem speziellen Baustil und der besonderen Magie, die hier herrscht.

291. Haare spenden

Lassen Sie sich für einen gewissen Zeitraum die Haare wachsen, falls diese zu kurz zum Spenden sind. Danach können Sie diese für einen guten Zweck spenden. Viele Friseure nehmen an dieser Aktion teil und Sie erhalten danach auch direkt einen modischen Haarschnitt. Aus den gespendeten Haaren werden Perücken für an Krebs erkrankte hergestellt, die sich selbst keine Perücken kaufen können.

292. Gipsmasken bemalen

Sie können aus Gips Abdrücke Ihres eigenen Gesichts oder von den Gesichtern von Freunden und der Familie machen. Sobald diese getrocknet sind, können Sie diese kunstvoll bemalen. Sie wählen einen realistischen Stil, nehmen sich venezianische Masken als Vorbild oder bemalen die Gesichter im mexikanischen Stil, passend zum Dia de los Muertos.

293. Verschlungene Hände gießen

Dafür gibt es im Bastelshop fertige Sets. Sie können es aber auch aus Plastilin und Gips selbst herstellen. Reichen Sie Ihrem Partner, dem Kind, einem Freund oder Enkel die Hand. Nun stecken Sie diese verschlungene Hand in das Plastilin und ziehen diese vorsichtig wieder heraus. Nun gießen Sie Gips in die Form. Lassen Sie diesen trocknen und entfernen Sie anschließend das Plastilin. Übrig bleibt eine schöne Hand in Hand Skulptur.

294. Bauchtanzen lernen

Bauchtanz hat einen Hauch von Erotik und Sinnlichkeit. Es ist ein toller Tanz zu schöner, orientalischer Musik. Gleichzeitig schulen Sie damit Ihre Körperhaltung, werden beweglicher und auch die Konzentration und Koordination wird trainiert. Zudem ist eine Bauchtanz Runde immer eine lustige Gruppe. Meist treffen sich hier Männer und Frauen aller Altersgruppen.

295. Eine Kutschenfahrt in Wien unternehmen

Reisen Sie nach Wien und sehen Sie sich die österreichische Hauptstadt von einem traditionellen Fiaker aus an. Lassen Sie sich durch den Schlosspark von Schönbrunn fahren, halten Sie an der Orangerie oder gehen Sie zur Gloriette hoch. Natürlich sollten Sie auch das Schloss der ehemaligen Kaiserin Sisi besichtigen.

296. Jedermann auf den Salzburger Festspielen ansehen

Jedermann ist ein berühmtes Theaterstück. Wo sonst sollte man es einmal gesehen haben, wenn nicht vor der spektakulären Kulisse der Salzburger Festspiele. Lauschen Sie gespannt, wenn "Jedermann" durch die Stadt dröhnt und lassen Sie sich von der Buhlschaft verzaubern, die hier immer von einer großartigen Schauspielerin verkörpert wird.

297. Die Festspiele in Mörbisch besuchen

Die Seefestspiele bezaubern immer mit einem ganz besonderen Charme. Hier erleben Sie immer ganz spezielle Aufführungen toller Opern oder Operetten. Ob die Zauberflöte, West Side Story oder Land des Lächelns, es sind stets großartige Inszenierungen, die sie hier erwarten.

298. Einen veganen Monat einlegen

Lassen Sie sich vom neuen Trend anstecken und legen Sie einen Monat ein, in welchem Sie komplett auf tierische Produkte verzichten. Hier tun Sie nicht nur dem Tierwohl, sondern auch der Umwelt und den Ressourcen der Erde einen großen Gefallen. Sie finden köstliche Rezepte im Internet, denn veganes Kochen wird immer beliebter und heute werden sämtliche Gerichte aus der traditionellen Küche veganisiert und Sie müssen auf nichts verzichten. Auch Ihrer Gesundheit tut dieser zeitweilige Verzicht garantiert gut.

299. Einen Kurs zur Molekularküche machen

Die Molekularküche hat sehr viel mit chemischen Experimenten zu tun. Hier raucht es und es gibt Explosionen. Sie stellen mit flüssigem Stickstoff kleine Kugeln in allen Geschmacksrichtungen her und zaubern Kuppeln, aus welchem beim Öffnen der Rauch aufsteigt. Wenn Sie sich darunter nichts vorstellen können, suchen Sie nach Heston Blumenthal. Dieser Koch war der erste sehr bekannte Koch, der diese Art des Kochens salonfähig machte.

300. Übernachten Sie im besten Hotel der Stadt

Gönnen Sie sich einen luxuriösen Tag direkt vor der eigenen Haustüre. Buchen Sie sich eine Nacht im besten Hotel Ihrer Stadt ein. Fühlen Sie sich wie ein VIP Gast oder ein Tourist in der Heimat und sehen Sie die Heimatstadt mit anderen Augen. Gönnen Sie sich ein opulentes Frühstück, eine Massage oder Kosmetikbehandlung und benutzen Sie auch den Spa, die Sauna und das Fitness Center.

301. Löwenzahn-Honig selber machen

Nutzen Sie die Geschenke der Natur und machen Sie aus den gelben Blüten einen köstlichen und gesunden Honig. Dazu müssen Sie nur die Köpfe der Pusteblumen sammeln. Diese werden gut gewaschen und mit Rohrzucker oder Kokosblütenzucker zu einem dicken Sirup eingekocht.

302. Sirup aus Tannenwipfeln zubereiten

Dieser Sirup ist nicht nur besonders lecker und kann alternativ zu Honig zum Kochen, Backen und Verfeinern verwendet werden. Er ist auch sehr gesund und hilft gut und rasch gegen hartnäckigen Husten und Bronchitis. Dafür sammeln Sie im Frühjahr die jungen Wipfeln der Nadelbäume. Diese werden nun langsam bei kleiner Hitze mit Rohrzucker zu einem dickflüssigen Sirup eingekocht.

303. Bei einer Oldtimer Ralley mitfahren

In vielen Regionen werden jedes Jahr Rallys mit Oldtimern durchgeführt. Vielleicht kennen Sie jemanden, der einen schicken Oldtimer besitzt und Sie können selbst bei dieser Ausfahrt mitfahren. Aber auch als Zuseher sind diese Veranstaltungen besonders schön, da Sie wirklich tolle Autos zu Gesicht bekommen.

304. Ein Formel 1 Rennen besuchen

Motorsport ist faszinierend. Besuchen Sie doch einmal ein Formel 1 Rennen live. Das ist ein ganz anderes Erlebnis, als es nur im Fernsehen zu sehen. Sie können dafür Locations auf der ganzen Welt bereisen. Von Monaco über Abu Dhabi bis hin nach Singapur jagen die Boliden über die Rennstrecken.

305. Auf ein Harley Davidson Treffen fahren

Sie müssen nicht selbst eine legendäre Harley Davidson fahren, um von diesen besonderen Motorrädern begeistert zu sein. Vom Frühjahr bis zum Herbst werden in verschiedenen Städten diese Treffen veranstaltet. Hier treffen Sie auf ganz besondere Menschen und Sie bestaunen Motorräder, die kunstvoll verziert und umgebaut wurden. Vielleicht können Sie ja auch mit der einen oder anderen Harley ein Stück mitfahren.

306. Das Golf GTI Treffen am Wörthersee besuchen

Der Wörthersee im österreichischen Bundesland Kärnten ist der Treffpunkt für die High Society, die Schönen und Reichen. Doch einmal im Jahr treffen sich hier Golf GTI Fans. Diese Treffen sind legendär und das GTI Treffen am Wörthersee ist das weltweit größte Golftreffen. Seit dem Jahr 1982 wird das Treffen immer im Frühjahr für 4 Tage abgehalten und während dieser Tage ist am Kärntner See alles außer Rand und Band. Nutzen Sie den Aufenthalt auch, um das berühmte Casino zu besuchen.

307. Auf ein Schlagerfestival gehen

Wer Schlager hört, gehört längst nicht zum alten Eisen. Ganz im Gegenteil, das Publikum auf Schlagerfestivals wird immer jünger und Helene Fischer, Florian Silbereisen, Howard Carpendale und Co sind auch bei der jüngsten Generation absolute Superstars. Es gibt tolle Festivals, bei welchen Sie eine ganze Bandbreite der Stimmungsmacher erleben können. Schlager ist Musik für die Seele und macht einfach bei jung und alt gute Laune.

308. Hinterglas Malerei lernen

Hierbei handelt es sich um eine sehr spezielle Maltechnik. Volkshochschulen bieten häufig Kurse für Hinterglas Malerei an.

309. Volkstanz und Schuhplatteln lernen

Tradition und Kultur sollten nicht aussterben und daher gibt es auch heute wieder tolle Tanzkurse für Volkstanz und Schuhplatteln. Schnappen Sie sich einen Tanzpartner, werfen Sie sich in das Dirndlkleid und die Lederhose und lernen Sie Polka, Landler und Co. Auf den sommerlichen Zeltfesten können Sie gleich Ihr Können unter Beweis stellen.

310. Jodeln auf der Alm lernen

Auf der Alm da gibt es keine Sünde, dafür herrliche Ausblicke, gute Brotzeit, frische Luft und ein tolles Echo. Diesem Echo muss man einfach einen lauten Jodler entgegenrufen. Lernen Sie von einem echten Senner oder einer Sennerin, wie man richtig jodelt.

311. Fermentieren lernen

Fermentiertes Gemüse ist nicht nur besonders köstlich, sondern auch absolut gesund. Das fermentierte Gemüse sorgt für eine gesunde Darmflora und eine optimale Verdauung. Wenn Sie Gemüse selbst fermentieren, können Sie Ihre eigenen Mischungen herstellen und diese nach eigenem Geschmack würzen. Fermentierkurse werden in Kochschulen, aber auch im Internet angeboten. Keine Angst, es ist wirklich nicht schwer. Sie können garantiert rasch eingelegte Gurken, Kraut und Kimchi selbst herstellen.

312. Produkttester werden

Finden Sie es auch spannend, neue Produkte noch vor allen anderen probieren zu können oder möchten Sie regelmäßig kostenlose Produkte erhalten? Dann melden Sie sich auf Plattformen an, die nach Produkttestern suchen. Sie erhalten die Produkte, müssen diese verwenden und dafür lediglich eine Bewertung abgeben und fair und objektiv Bericht erstatten, wie gut es Ihnen gefallen hat.

313. Eine Gartenreise machen

Reisen Sie zu den schönsten Gärten der Welt. Egal ob die heimischen Gärten, die edlen Gärten Englands oder die exotischen Gärten in Japan, während der Gartenreisen besuchen Sie die herrlichsten Privatgärten und erhalten Einblick in die Kunst der Gartengestaltung. Hier können Sie sich tolle Tipps für den eigenen Garten holen.

314. Kastanien sammeln

Schnappen Sie sich im Herbst einen Korb und sammeln Sie Kastanien. Diese können Sie nun für Kindergärten spendieren oder mit Ihren Enkeln lustige Figuren daraus basteln. Sie können die Kastanien im Winter aber auch dem Jäger geben und zusammen mit dem Jäger damit die Rehe füttern.

315. Einen Tauchkurs machen

Tauchkurse werden in den meisten Urlaubsorten angeboten. Doch auch in vielen Städten vor Ort können Sie einen Tauchkurs absolvieren. Trainiert wird meist im Hallenbad vor Ort. Die theoretische Prüfung wird genau abgenommen und die Tauchprüfung findet meist an einem See statt. Nach erfolgreich bestandener Prüfung sind Sie fit, um die faszinierende und bunte Unterwasserwelt zum Beispiel in Ägypten zu erkunden.

316. Den Bootsführerschein machen

Egal ob für Seen, Flüsse oder das Küstenpatent, jetzt haben Sie endlich Zeit, den Bootsführerschein zu machen und können dann gemütlich in aller Ruhe über die Gewässer schippern.

317. Das Taj Mahal besuchen

Dieses vielleicht berühmteste Gebäude der Welt übt eine enorme Faszination aus und jeder möchte einmal diesen besonderen Zauber verspüren. Das Taj Mahal ist auch ein Monument der Liebe und vielleicht möchtest du mit deinem Partner dieses Erlebnis teilen. Es gibt tolle und günstige Rundreisen durch Indiens Rajasthan, bei welchen das Taj Mahal auf dem Programm steht.

318. Selbst Kaffee rösten

Wenn Sie gerne Kaffee trinken, dann sollten Sie sich auch einmal eine ganz eigene Röstung herstellen. Sie können bei einem Kaffeeimporteur die grünen Bohnen beziehen und diese danach nach eigenem Geschmack stärker oder milder Rösten. Es gibt dazu auch viele Anleitungen und Tipps, wie Sie die Kaffeebohnen zusätzlich verfeinern können.

319. Einen Fotografie Kurs machen

Schöne Fotos sind eine tolle Erinnerung. Jetzt haben Sie ausreichend Zeit, um sich auf Motivsuche zu begeben. Fotografieren macht jedoch noch mehr Spaß, wenn Sie genau wissen, worauf Sie achten sollten. Es gibt sowohl im Internet, aber auch in den Volkshochschulen oder in Gemeinden immer wieder tolle Kurse. Auch Fotografen bieten häufig Workshops an – fragen Sie doch bei Ihrem Fotografen vor Ort.

320. An einem Hundeschlittenrennen teilnehmen

Im Winter werden diese auch in unseren Breiten veranstaltet. Sie können dazu aber auch in den hohen Norden reisen und zum Beispiel einige Tage live erleben, wie das Leben der Schlittenhunde abläuft. Es ist ein besonderes Erlebnis, von diesen kräftigen Tieren durch die verschneite Landschaft gezogen zu werden.

321. In Afrika einen Brunnen bauen

Sie können sich hier einer Organisation anschließen und direkt vor Ort mithelfen. Sie können aber auch spenden und hautnah via Fotos und Liveschaltungen erleben, wie die Brunnen gebaut werden. Es ist traurig, dass es in unseren Zeiten immer noch viele Menschen gibt, die keinen Zugang zu sauberem Trinkwasser haben. Daher ist es schön, sich auch dafür zu engagieren.

322. Ein Tennismatch verfolgen

Vielleicht haben Sie Lust, einmal die großen Tennisstars live zu erleben. Es werden jährlich unterschiedliche Grand Slam Turniere ausgetragen. Ob Australian Open, US Open, Wimbledon oder French Open, hier bekommen Sie garantiert die Besten der Besten zu sehen. Aber auch bei kleineren Tournieren in der Region spielen oft Größen aus dem Tennissport mit. Das Tennisturnier in Kitzbühel ist immer ein besonderes Erlebnis, ebenso wie das Hamburger Turnier am Rothenbaum.

323. Beim Wrestling oder einem Boxkampf zusehen

Wrestling ist zwar ein Kampfsport im weitesten Sinne und es steckt viel Action dahinter, jedoch sind die Kämpfe auch immer reich an Unterhaltung. Bei einem richtigen Boxkampf geht es da schon härter zur Sache und hinter den Schlägen steckt keine Show. Vielleicht möchten Sie einmal einen dieser Kämpfe hautnah erleben.

324. Einen Souk besuchen

Souks sind die Märkte im Orient und verführen mit bunten Farben, Geräuschen und Düften. Kunstvolle Stoffe, farbenfrohe Keramik, Gold und Schmuck und vor allem Gewürze und einheimische Spezialitäten finden Sie auf den Souks von der Türkei über Dubai bis hin nach Marokko.

325. Mit einem Trike fahren

Trikes sind beliebte Fahrzeuge, die alleine durch die Optik bestechen. Sie haben vorne ein Rad und hinten zwei Räder und meist sind die Lenker kunstvoll geschwungen. Es gibt viele Verleihe für Trikes. Manche können Sie sogar mit einem herkömmlichen Pkw-Führerschein lenken. Machen Sie doch einmal mit diesem besonderen Gefährt einen Ausflug ins Blaue.

326. Ein Observatorium besuchen

In einem Observatorium oder einer Sternwarte tauchen Sie ein in die Unendlichkeit des Alls. Hier können Sie Sterne suchen und sich vom Sternenhimmel faszinieren lassen. Zudem erfahren Sie auch viel Wissenswertes über Sterne, Planeten, Raumfahrt und mehr.

327. Einen Kuschelkurs besuchen

Wenn Sie schon lange alleine sind und sich nach zwischenmenschlicher Wärme sehnen, dann sind Kuschelkurse der absolute Hit. Diese stehen gerade voll im Kurs. Bei diesen Kursen treffen sich Menschen aller Generationen, aller Geschlechter und kuscheln. Hier geht es jedoch rein darum, das Gefühl zu erleben, dass man nicht alleine ist und dass jemand für einen da ist.

328. Zuckerblasen und Zuckerziehen lernen

In Kochschulen, Konditoreien und in privaten Kursen oder an der Volkshochschule können Sie lernen, wie Sie aus Zucker kunstvolle Gebilde kreieren. Damit dekorieren Sie in Zukunft Desserts und Torten, aber auch auf Buffets machen sich diese immer gut. Zudem macht es Spaß, aus etwas Simplem wie Zucker so tolle Kreationen herzustellen.

329. Im Windkanal Indoor Sky Diving

Wollen Sie einmal fliegen oder sich schwerelos fühlen? Dies können Sie in einem Windkanal erleben. Dabei erleben Sie Ihr ganz eigenes Abenteuer aus Spaß und Adrenalin.

330. Einen Unterwasser Spaziergang machen

Dies ist eine super Alternative zum Tauchen. Vielleicht können und wollen Sie nicht tauchen, weil Sie Ohrenschmerzen bekommen, dann kann dies eine super Möglichkeit sein, wie Sie dennoch einmal die Unterwasserwelt besichtigen können. Mit einem Spezialanzug und einer großen Tauchglocke am Kopf spazieren Sie am Meeresgrund, als ob es eine Blumenwiese wäre.

331. Einen Monat nur reduziert einkaufen

Machen Sie immer wieder kleine Experimente oder Versuche. Mit diesem Experiment tun Sie zudem dem eigenen Budget etwas Gutes. Diesen Monat dürfen Sie lediglich Lebensmittel in den Einkaufskorb packen, die vom Laden reduziert wurden. Das kann spannend werden, da Sie so immer wieder spontan Ihren Speiseplan aufstellen müssen. Durch dieses Experiment tragen Sie jedoch auch dazu bei, dass weniger Lebensmittel weggeworfen werden müssen. Zudem erkennen Sie das Lebensmittel, die etwas näher am Ablaufdatum sind, noch ebenso frisch und lecker und Bananen, Äpfel und Co immer noch einwandfrei sind, auch wenn sie schon etwas reifer geworden sind.

332. Über heiße Kohlen gehen

Immer wieder werden Seminare veranstaltet, auf welchen Sie lernen, wie man über glühende Kohlen laufen kann. Dies sind spannende Seminare, bei welchen Sie viel über sich selbst lernen und bei denen Sie gezeigt bekommen, wie man komplett abschalten kann.

333. Am Strand reiten

Das wird an vielen Urlaubsorten angeboten und Sie sollten dieses Erlebnis ebenfalls einmal mitmachen. Sie können traditionell auf einem Pferd reiten, oder in Griechenland zum Beispiel auf dem Rücken eines Esels dahin traben. Wie wäre es mit Kamelreiten in Marokko oder Ägypten oder mit Elefanten reiten in Asien? Sie haben hier viele Möglichkeiten, um diesen Punkt von Ihrer Liste zu erledigen.

334. Auf einem Bauernhof mitarbeiten

Machen Sie eine spezielle Art von Urlaub auf dem Bauernhof. Helfen Sie dort bei den täglichen Arbeiten mit und gehen Sie morgens in den Stall, um die Kühe zu melken oder die Ställe auszumisten. Lernen Sie Traktor fahren oder wie man auf einer Alm mit der Sense die Wiesen mäht. Auch Schafe scheren kann ein ganz neues Erlebnis sein und abends genießen Sie ein typisch deftiges Bauern Abendessen mit selbst produzierten Produkten.

335. Als Erntehelfer mitarbeiten

Auch hier können Sie spannende Momente erleben und erhalten viel Einblick, wie unsere Lebensmittel produziert werden. Spargel stechen, Kartoffeln ernten, Beeren oder Äpfel pflücken, bei der Kirsch-Ernte mithelfen oder in der Toskana bei der Olivenernte mit Hand anlegen ist nicht nur interessant, sondern auch teilweise anstrengend und Sie haben plötzlich viel mehr Respekt vor Lebensmittel, die Sie als ganz selbstverständlich angesehen haben.

336. Als Statist in einem Film mitspielen

Für viele Filme und Serien werden immer wieder Statisten gesucht. Sie können sich bei einer Castingagentur vorstellen. Hier kommen Sie nun in eine Kartei und werden angefragt, wenn Ihr spezieller Typ gefragt ist. Als Komparse oder Statist erleben Sie den Film hautnah und schlüpfen hinter die Kulissen. Zudem bekommen Sie für manche Rollen sogar eine kleine Entschädigung. Manches Mal werden diese Projekte auch in Zeitungen angekündigt, vor allem, wenn bei Ihnen in der Stadt eine große Produktion geplant ist. Hier können Sie sich auch ohne Agentur melden.

337. Eine ganze Nacht durchfeiern

Schnappen Sie sich ein paar Freunde und ziehen Sie wieder einmal so richtig um die Häuser. Lassen Sie es richtig krachen und gehen Sie erst nach Hause, nachdem Sie nach einer durchfeierten Nacht noch in einer Bäckerei ein Frühstück für Nachtschwärmer genossen haben. Dann dürfen Sie müde, aber garantiert glücklich ins Bett fallen.

338. Lassen Sie sich hypnotisieren

Das kann ziemlich Überwindung kosten, aber dennoch ein sehr spannendes Erlebnis sein. Gehen Sie dazu jedoch zu einem Experten, der auch wirklich weiß, was er macht. Eine Hypnose Show bei Veranstaltungen ist meist nicht dasselbe, obwohl auch das lustig sein kann, wenn plötzlich alle gackernd wie Hühner auf der Bühne stehen und hinterher nichts mehr davon wissen.

339. Eine Travestie Show besuchen

Travestie Shows sind absolut beeindruckend und es ist faszinierend, wie mit etwas Schminke, Perücken und glitzernden Roben aus ganz normalen Männern atemberaubende Frauen werden können. Diese Shows sind meist reich an Glamour und bieten tolle Musik und Choreografie. Manche haben auch einen lustigen Background. Vielleicht wollen Sie auch einmal eine Travestie Show in Thailand besuchen. Die hiesigen Ladyboys im Land des Lächelns haben den Ruf, die schönsten Frauen der Welt zu sein, auch wenn sie in Wirklichkeit Männer sind.

340. Zu Mardi Gras nach New Orleans fliegen

Mardi Gras ist der Fasching-Dienstag in New Orleans und wird dort immer auf sehr spezielle Weise gefeiert. Bereits seit dem Jahr 1875 ist dieser Tag hier ein Feiertag und keiner bleibt davon weg. Umzüge und Paraden finden statt und natürlich spielt überall Musik. Doch auch während des restlichen Jahres finden in New Orleans viele Paraden statt und in den Pubs und Lokalen spielt immer die beste Live Musik.

341. Auf ein Holi Fest gehen

In Indien ist das Holi fest das Fest der Farben. Das hinduistisch behaftete Frühlingsfest dauert in Indien bis zu zehn Tagen. Es finden Umzüge und Paraden statt und alle sind bunt gekleidet. Vor allem aber ist jeder mit einem Beutel buntem Puder bewaffnet. Mit diesem bunten Puder werden alle beworfen. Das soll Glück, Gesundheit und Reichtum, aber auch Fruchtbarkeit für das neue Jahr bedeuten.

342. Bei einer Pride Parade mitmachen

Auch wenn Sie keinen direkten Bezug zur schwulen und lesbischen Community haben, so können Sie diese dennoch unterstützen. Alleine, wenn Sie bei den Paraden mitgehen, zeigen Sie, dass Sie die Menschen unterstützen und dass Sie diese nicht ausgrenzen. Gerade in einer Zeit, in der Diversity eigentlich groß geschrieben wird, sollte das selbstverständlich sein. Pride Paraden sind zudem immer lustig: Man spielt gute Musik, tanzt ausgelassen und die Mitfeiernden erscheinen in spektakulären Kostümen.

343. Ein Fisch Spa besuchen

Dies kann ein lustiges und vor allem kribbeliges Erlebnis werden. In einem Fisch Spa stecken Sie Ihre Füße in große Becken, in welchen sich unzählige kleine Knabberfische befinden. Diese knabbern nun ihre abgestorbene Hornhaut an den Füßen ab. Das kitzelt, tut aber nicht weh. Wenn Sie mit der Behandlung fertig sind, haben Sie wieder samtig weiche Babyfüße.

344. Fischen gehen und den Fang zubereiten

Gehen Sie doch einmal fischen. Es gibt genügend Plätze, an denen Sie auch ohne Fischerkarte einmalig angeln dürfen. Zu Hause bereiten Sie Ihren Fang zu, oder Sie grillen den Fisch direkt über offenem Feuer in der freien Natur. Sie werden sehen, nie hat ein Fisch so gut geschmeckt wie dieser selbst gefangene.

345. Einen Cocktail Kurs machen

Cocktails schmecken nicht nur lecker, es sieht auch immer toll aus, wenn diese Drinks kunstvoll zubereitet werden. Lernen Sie in einem Cocktailkurs, wie auch Sie mit Flaschen und Shakern jonglieren können und wie Sie die einzelnen Komponenten besonders effektvoll eingießen. Lernen Sie ein paar Cocktails mixen, mit welchen Sie später Ihre Freunde überraschen können. Es gibt auch alkoholfreie Cocktails, falls Sie keinen Alkohol trinke, und diese schmecken nicht weniger gut.

346. An einer Whisky Verkostung in Schottland teilnehmen

Schottland ist berühmt für seine zahlreichen Whisky Destillerien. Glenfiddich und The Macallan sind die berühmtesten, doch auch Old Pulteney, Highland Park, Auchentoshan, Glenkinchie, Lagavulin, Laphroaig und viele mehr sind Whistky-Destillerien in Schottland, die Sie jederzeit besuchen können. Doch auch in unseren Regionen gibt es bereits einige Destillerien, die sich auf Whisky spezialisiert haben.

347. Einen Tag bei den Amish verbringen

Wenn Sie einen Aufenthalt in Amerika planen, so sollten Sie unbedingt einen Tag bei den Amish verbringen. Die bekanntesten Communitys leben in Ohio oder Pennsylvania. Diese christliche Gruppierung sticht bereits mit ihrem Äußeren ins Auge. Die Amish leben so, wie man hier vor 300 Jahren gelebt hat. Sie fahren mit Pferdekutschen, haben kein Telefon, nähen die Bekleidung selbst und kochen auf alten Tischherden. Die Leute hier sind jedoch sehr gastfreundlich und nehmen Besucher immer herzlich auf.

348. Weihnachten unter Palmen feiern

Vielleicht haben Sie schon die längste Zeit die Nase voll vom Winter, Schnee und Eis. Sie sind jedoch immer der Familie zuliebe im Land geblieben und zudem hat der Urlaub nie gereicht, um wirklich einen tollen Weihnachtsurlaub unter Palmen zu verbringen. Setzen Sie jetzt diesen Wunsch in die Tat um. Ob auf den Malediven, in der Karibik oder in Asien - hier lässt sich der Winter wunderbar verbringen. Vielleicht hat ja die Familie ebenfalls Lust, mit Ihnen zu verreisen.

349. Eine Flaschenpost verschicken

Schreiben Sie eine nette Geschichte, eine Nachricht oder ein Gedicht auf ein Blatt Papier und rollen dieses zusammen, bevor Sie es in eine Flasche stecken. Die Flasche muss nun wasserdicht verschlossen werden. Nun werfen Sie die Flasche ins Meer oder in den Fluss und vielleicht findet ja jemand diese Flaschenpost. Sie könnten zum Beispiel die Kontaktdaten Ihrer Accounts von Facebook oder Instagram auf der Flaschenpost notieren, so kann sich der Finder melden. Es wäre doch spannend zu wissen, wie weit die Flaschenpost gekommen ist und wie lange es dauert, bis diese gefunden wird.

350. Zeichensprache lernen

Als Kinder haben wir in der Schule das Zeichensprache ABC perfektioniert, um leise hinter dem Rücken der Lehrer kommunizieren zu können. Doch die Zeichensprache ist mehr als nur das ABC. Machen Sie doch einen Kurs. Viele soziale Einrichtungen bieten diese an. So können Sie zum Beispiel später in Einrichtungen für Taubstumme mithelfen und mit den Menschen dort sprechen.

351. Ein Paket an ein Waisenhaus schicken

Sie können nach Waisenhäusern in Kenia, Thailand, Kambodscha, Myanmar, Russland oder vielen anderen Ländern recherchieren und mit der verantwortlichen Person in Kontakt treten. Erkundigen Sie sich, womit Sie den Kindern dort eine Freude machen könnten. Sammeln Sie Stofftiere, Puppen und Spielzeug und schicken Sie diese mit Süßigkeiten und Hygieneprodukten direkt an das Waisenhaus. Sie können auch privat Spenden sammeln, damit öfter das teure Porto für diese Pakete bezahlt ist.

352. Eine Schneeschuhwanderung machen

Mit Schneeschuhen können Sie durch den Tiefschnee wandern, ohne darin zu versinken. So lässt es sich wunderbar durch tief verschneite Wälder und über Wiesen und Hänge spazieren. Genießen Sie die kalte, klare Luft und die herrliche Natur. Alternativ können Sie auch mit Langlaufskiern die Loipen entlang fahren.

353. Einen Selbstverteidigungskurs machen

Das schadet nie, egal in welchem Alter und auch wenn Sie sich nicht selbst verteidigen müssen, so hat es auch eine meditative Wirkung und hält Ihren Körper sportlich fit.

354. Orang Utans beobachten

Borneo ist das letzte große und natürliche Rückzugsgebiet der Orang Utans. Am malaiischen Teil der Insel, in Sabah und Sawarak können Sie im dichten und ältesten Regenwald der Welt die Orang Utans in ihrer natürlichen Umgebung beobachten. Auf Borneo können Sie auch viele traditionelle und authentische Ureinwohner besuchen. Auf der Insel leben heute noch mehr als 300 ethnische Gruppen, die ihre ganz eigenen Kulturen und Traditionen immer noch pflegen.

355. In einem Baumhaus übernachten

Falls von den Kindern und Enkeln noch ein Baumhaus im Garten steht, können Sie sich hier eine Nacht einrichten. Es geht aber auch bei Weitem komfortabler. Es gibt mittlerweile sehr viele Baumhaus Hotels, die Übernachtungen in den Kronen der Bäume anbieten.

356. Das Pferderennen in Ascot besuchen

Das ganze Jahr über können Sie in Ascot auf der Pferderennbahn Pferderennen besuchen. Jedes Jahr findet hier jedoch auch das vielleicht berühmteste Pferderennen der Welt statt. Es handelt sich um das King George VI and Queen Elizabeth Stakes Galopprennen. Dieses wird bereits seit 1951 ausgetragen und steht unter der Schirmherrschaft der königlichen Familie. Daher sind bei diesem legendären Rennen auch immer sehr viele Adelige und auch die Königsfamilie selbst vertreten. Bekannt ist Ascot auch dafür, dass hier die Damen alle besonders große, auffällige und außergewöhnliche Hüte tragen.

357. Mit dem Orient Express verreisen

Zwischen März und Oktober können Sie mit dem traditionellen und nostalgischen Orient Express verreisen. Dieser verkehrt zwischen Venedig und Paris oder London. Begeben Sie sich auf eine Zeitreise und vergessen Sie nicht, dass Buch "Mord im Orient Express" als Reiselektüre mitzubringen. Einmal pro Jahr wird diese Nostalgiefahrt auch zwischen Istanbul und Venedig durchgeführt. Hier handelt es sich um die Originalstrecke.

358. Mit dem Shinkhansen fahren

Erleben Sie eine Fahrt mit dem Hochgeschwindigkeitszug Shinkhansen. Diese Züge in Japan, eigentlich war es ursprünglich die Bezeichnung für das Netz der Zugverbindungen, fahren bis zu 320 km/h schnell. Ab 2025 soll es in Japan Züge geben, die 600 km/h schnell fahren. Bereits heute gibt es Versuchsmodelle und Versuchsstrecken.

359. Ein Foto am Zebrastreifen der Abbey Road machen

Jeder kennt das berühmte Foto der Beatles auf dem Zebrastreifen der Abbey Road in London. Dieses Foto wurde oft kopiert und auch Sie können Ihre ganz persönliche Ausgabe des Abbey Road Fotos haben.

360. Die Lavendelfelder der Provence besuchen

Bei diesen Feldern handelt es sich um ein Naturspektakel. Der Lavendel blüht blauviolett und duftet unwiderstehlich. Hier blüht der Lavendel so weit das Auge reicht und ein Besuch in der Provence auf diesen Feldern ist ein Fest für die Sinne.

361. Im Toten Meer treiben lassen

Das Tote Meer ist für seinen hohen Salzgehalt bekannt. Daher können Sie darin treiben, ohne unterzugehen, auch wenn Sie nicht wirklich schwimmen können. Das Gewässer ist nicht nur sehr berühmt, sondern auch absolut gesund für die Haut, gegen Allergien und Erkrankungen der Atemwege. Viele fahren einmal pro Jahr auf Kur ans Tote Meer.

362. Mit dem Zug durch die Cinque Terre

Die Cinque Terre ist eine besonders zauberhafte Region an der Küste Italiens. Hier können Sie die idyllischen 5 Dörfer mit dem Zug bereisen. Fahren Sie von Monterosso und Vernazza über Corniglia und Manarola nach Riomaggioro. Diese Dörfer an der Küste haben einen ganz besonderen Charme.

363. Die Akropolis in Athen besichtigen

Auch hier handelt es sich um ein altes Bauwerk mit viel Geschichte, das jeder kennt. Einmal im Leben sollten Sie es auch selbst gesehen haben.

364. Den Vatikan besuchen

Der Vatikan ist nicht nur die Heimat des Papstes und das Mekka der Katholiken, in diesem Zwergenstaat können Sie auch enorm viel Kultur und Kunst entdecken und bestaunen. Den Petersdom und die Sixtinische Kapelle bestechen mit einer einzigartigen Architektur. Auch in den Museen erleben Sie den enormen Prunk des kleinen Staats.

365. Einen Vortrag über den Ruhestand halten

Nun sind Sie bereits einige Zeit im Ruhestand, haben sich an diesen neuen Lebensabschnitt gewöhnt und haben auch viel darüber gelernt. Sie wissen nun, wie man den Ruhestand perfekt organisiert und welche Fallhöhen und Stolperfallen es gibt. Lassen Sie auch andere von Ihren Erfahrungen teilhaben und halten Sie einen Vortrag über das erste Jahr im Ruhestand.

Auf in den Ruhestand!

Sie haben nun 365 Tipps und Vorschläge mit Unternehmungen, die Sie im Ruhestand angehen können. Manche Vorschläge lassen sich sofort verwirklichen und sind in den Alltag zu integrieren, andere benötigen Vorbereitung und für wieder andere müssen Sie vielleicht auch eine Zeit darauf sparen. Aber alle Punkte lassen sich verwirklichen und vielleicht erhalten Sie durch unsere Ideen noch viel mehr Inspiration zu anderen tollen Unternehmungen.

Wir wünschen Ihnen auf jeden Fall einen wunderschönen und entspannten Ruhestand, den Sie absolut genießen und so gestalten können, wie Sie es sich vorgestellt haben. Viel Gesundheit, Freude und Liebe auf allen Wegen und Danke, dass wir Sie ein Stück begleiten durften.

Sie haben Fragen, Kritik oder Anregungen?

Senden Sie uns ihr Feedback gerne an info@kniga-verlag.de. Nur so können wir uns weiterentwickeln und unsere Bücher ständig verbessern.

Wenn Ihnen das Buch gefallen hat, würden wir uns außerdem sehr über eine Bewertung in dem Online-Shop freuen, in dem Sie das Buch bestellt haben. Alternativ können Sie auch eine Rezension in Ihrem Lieblings-Buchportal hinterlassen.

Ihr Feedback hilft uns dabei, weitere Werke zu schreiben und neue Leser für unsere Bücher zu finden. Vielen Dank für Ihre Unterstützung!

Hier zur Bewertung:

https://qrcode.link/a/btVCwU